智能网联汽车技术

主　编 ◎ 杨慧荣　魏　玲　董　彬

副主编 ◎ 赵金宝　马　可　校金龙

电子工业出版社

Publishing House of Electronics Industry

北京·BEIJING

内 容 简 介

本书采用工作过程系统化的编写方法，通过案例将实际工作任务融入各个知识点之中，从而引导学生深入理解智能网联汽车的核心技术与应用。本书主要内容包括智能网联汽车的认知、智能网联汽车环境感知技术、智能网联汽车导航定位技术、智能网联汽车线控底盘技术、智能网联汽车车联网技术、高级驾驶辅助系统等。本书还配有学习任务工单，能很好地帮助学生进行任务学习。

本书适合职业院校新能源汽车技术专业、汽车检测与维修技术专业、智能网联汽车技术专业及其他相关专业的学生使用，也可供广大智能网联汽车从业人员或爱好者阅读。

未经许可，不得以任何方式复制或抄袭本书之部分或全部内容。
版权所有，侵权必究。

图书在版编目（CIP）数据

智能网联汽车技术 / 杨慧荣，魏玲，董彬主编. —北京：电子工业出版社，2024.5
ISBN 978-7-121-47834-5

Ⅰ．①智… Ⅱ．①杨… ②魏… ③董… Ⅲ．①汽车—智能通信网 Ⅳ．①U463.67

中国国家版本馆 CIP 数据核字（2024）第 094396 号

责任编辑：张　凌
印　　刷：天津千鹤文化传播有限公司
装　　订：天津千鹤文化传播有限公司
出版发行：电子工业出版社
　　　　　北京市海淀区万寿路 173 信箱　邮编　100036
开　　本：880×1 230　1/16　印张：12.25　字数：282.3 千字
版　　次：2024 年 5 月第 1 版
印　　次：2024 年 5 月第 1 次印刷
定　　价：49.00 元

凡所购买电子工业出版社图书有缺损问题，请向购买书店调换。若书店售缺，请与本社发行部联系，联系及邮购电话：（010）88254888，88258888。
质量投诉请发邮件至 zlts@phei.com.cn，盗版侵权举报请发邮件至 dbqq@phei.com.cn。
本书咨询联系方式：（010）88254583，zling@ phei.com.cn。

前 言

PREFACE

发展新能源汽车是我国从汽车大国迈向汽车强国的必由之路，是应对气候变化、推动绿色发展的战略举措。2020年，国务院办公厅印发了《新能源汽车产业发展规划（2021—2035年）》，明确指出汽车产业要坚持电动化、网联化、智能化发展方向，深入实施发展新能源汽车国家战略，以融合创新为重点，突破关键核心技术，提升产业基础能力，构建新型产业生态，完善基础设施体系，优化产业发展环境，推动我国新能源汽车产业高质量可持续发展，加快建设汽车强国。

2021年4月，中国汽车工程学会和国家智能网联汽车创新中心发布了全国职业院校《智能网联汽车专业建设白皮书（2021版）》，为职业院校智能网联汽车技术专业建设提供了思路。

在国家及有关部门的政策支持下，智能网联汽车已经成为汽车产业的发展方向。为满足行业对智能网联汽车技术专业人才的需求，我们编写了这本《智能网联汽车技术》。本书具有以下特点。

1. 采用项目式教学、任务驱动方式，以实际案例引入，激发学生的学习兴趣和主动性，培养学生的自主学习能力和创新创业能力，同时还可以提升学生解决实际问题的能力。

2. 本书是由宇通客车股份有限公司牵头与职业院校一起开发的系列丛书之一，内容注重以职业能力为本位，从岗位任务和岗位技能需求出发，培养学生的职业岗位技能。

3. 打破传统的知识体系，以"实用、适用、够用"为原则，将知识点任务化、案例化，并将理论与实践一体化。体现"学中做"和"做中学"，让学生在实践中发现规律，总结规律，提升能力。

4. 对接"1+X"职业技能等级证书职业标准，实现课程内容与职业技能的有机融合，使学生在学习和实践中了解职业和岗位，培养良好的职业道德和职业素养。

本书内容的选取突出职业引导功能。全书包括六个学习项目，项目一介绍智能网联汽车的产生、现状、定义和分级等；项目二介绍智能网联汽车环境感知技术的概念及应用；

项目三介绍智能网联汽车导航定位技术，为车辆实现自动驾驶提供精准导航服务；项目四介绍智能网联汽车线控底盘技术与应用；项目五介绍智能网联汽车车联网技术与应用；项目六介绍高级驾驶辅助系统的认知、组成及分类等。每个学习任务均按照情景引入、资讯信息、任务实施等环节编写，同时每个学习任务配有数字化教学资源，便于教学组织和实施，以及培训和实践操作。

本书由河南工业贸易职业学院杨慧荣、宇通客车股份有限公司魏玲和河南工业贸易职业学院董彬担任主编，河南工业贸易职业学院赵金宝、马可、校金龙担任副主编。其中董彬编写项目一；杨慧荣编写项目二和项目五；马可编写项目三；校金龙编写项目四；赵金宝编写项目六；全书由魏玲负责统稿。

由于编者水平有限，书中难免存在疏漏和不足之处，恳请广大读者批评指正。

编　者

CONTENTS 目 录

项目一 智能网联汽车的认知 1

任务 1　智能网联汽车概述 2
任务 2　智能网联汽车产业架构 17
任务 3　智能网联汽车关键技术及发展趋势 23
练习与思考题 28

项目二 智能网联汽车环境感知技术 29

任务 1　智能网联汽车环境感知技术的概念 30
任务 2　车载摄像头的认知 36
任务 3　车载雷达的认知 44
练习与思考题 63

项目三 智能网联汽车导航定位技术 66

任务 1　高精度地图的认知 67
任务 2　高精度定位系统的认知 76
练习与思考题 91

项目四 智能网联汽车线控底盘技术 92

任务 1　汽车线控技术概述 93
任务 2　汽车线控转向技术 100

任务3　汽车线控制动技术 ……………………………………………………………… 106
　　练习与思考题 …………………………………………………………………………… 112

项目五　智能网联汽车车联网技术 …………………………………………………… 114

　　任务1　车联网的认知 …………………………………………………………………… 115
　　任务2　车内网通信技术的认知 ………………………………………………………… 122
　　任务3　车外网通信技术的认知 ………………………………………………………… 132
　　练习与思考题 …………………………………………………………………………… 141

项目六　高级驾驶辅助系统 ……………………………………………………………… 143

　　任务1　高级驾驶辅助系统的组成及分类 ……………………………………………… 144
　　任务2　高级驾驶辅助系统的认知 ……………………………………………………… 158
　　练习与思考题 …………………………………………………………………………… 189

智能网联汽车的认知

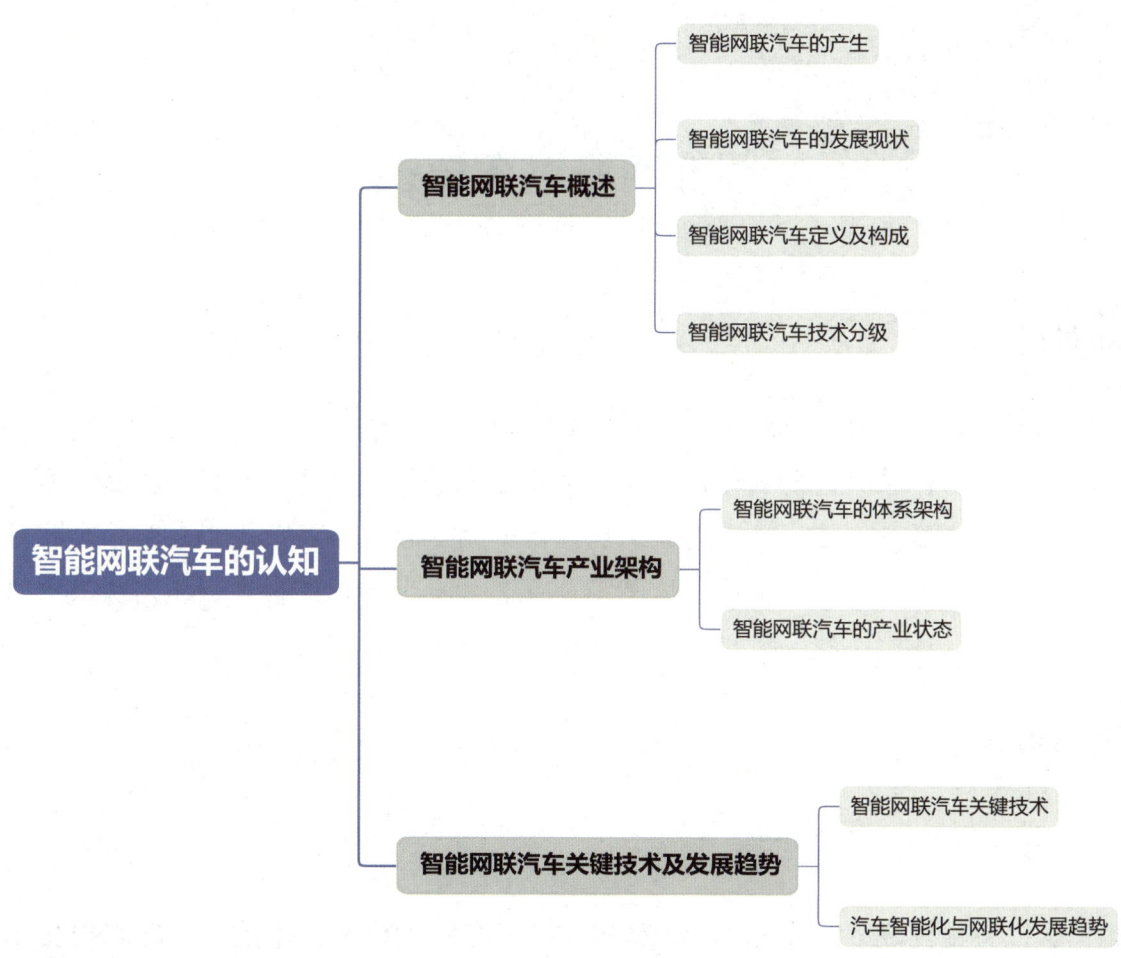

知识目标

1. 能描述国内外智能网联汽车的产生及发展情况；
2. 能理解智能网联汽车的系统构成及技术分级；
3. 能列出智能网联汽车关键零部件；
4. 能归纳总结智能网联汽车关键技术；
5. 能列出智能网联汽车未来发展方向。

智能网联汽车技术

🔺 技能目标

1. 能够划分智能网联汽车的技术等级；
2. 能够识别智能网联汽车上的关键零部件。

📄 素养目标

1. 具备较强的信息意识，能与团队成员进行信息共享；
2. 具有终身学习的意识和严谨求实的科学态度；
3. 关注智能网联汽车相关社会热点问题，具有可持续发展意识和绿色交通理念。

任务 1 智能网联汽车概述

📖 情景引入

我国高度重视智能网联汽车的发展，智能网联汽车已成为关联众多重点领域协同创新、构建新型交通运输体系的重要载体，并在塑造产业生态、推动国家创新、提高交通安全、实现节能减排等方面具有重大战略意义，已经上升到国家战略高度。工业和信息化部、交通运输部、科学技术部、国家发展和改革委员会、公安部等部委出台一系列规划及政策推动我国智能网联汽车的发展。你知道智能网联汽车的发展历程吗？

📚 资讯信息

一、智能网联汽车的产生

当前，以万物互联、大数据、云计算和人工智能等为代表技术的新一轮科技变革方兴未艾，正在引领全球制造业全面转型升级，并引发产业格局和生态的重构。面对这一变局，世界各工业强国都制定了相应的应对策略，加大科技创新力度，推动前沿技术发展，欲抢先建立智能制造体系，占得制造业未来发展的战略先机。其中，具有代表性的包括德国的"工业4.0"、美国的"工业互联网"和日本的"机器人革命"等。在这些发展战略中，汽车产业和技术都占据了至关重要的位置，各国纷纷选择汽车产业作为制造业整体升级的突破口，依托汽车产业的基础性、关联性和带动性，加快推进制造业转型。这一战略指向带动全球汽车技术进入了加速进步和融合发展的新时期，并呈现出电动化、智能化、网联化、共享化四大发展趋势。其中，电动化是基础，智能化是关键，网联化是条件，共享化是趋势。

在这种趋势下，智能网联汽车应运而生。这是一种新产品，它的研发模式、开发模式一定会发生改变，随之而来的应用场景，包括一些增值服务等也会改变，对汽车企业来说，机遇和挑战并存。

智能网联汽车已经在全球进入快速发展期，从汽车企业的角度看，辅助驾驶已经取得突破，正在聚焦有条件自动驾驶。但是真正意义上在各种工况、各种条件下的高度自动驾驶还有很长的路要走。高度自动驾驶特定的场景，比如代客泊车，在特定的区域、特定的场景，仍然是汽车量产化的竞争点。

智能网联汽车是一种新的产品形式、新的商业模式和新的生态，跟传统汽车发展模式不一样。国际上一系列企业，不管是传统汽车企业还是ICT（信息与通信技术）企业，都在做这方面的探索。新一轮基于新一代移动互联技术，包括大数据、云计算、AI等技术已经进入这个领域，对产品发展和开发模式产生了很大的影响。需要再次强调的是，汽车产品的安全问题，包括各种功能安全问题和信息安全问题，也是发展的聚焦点。国外和国内智能网联汽车的发展如图1-1和图1-2所示。

图1-1　国外智能汽车发展

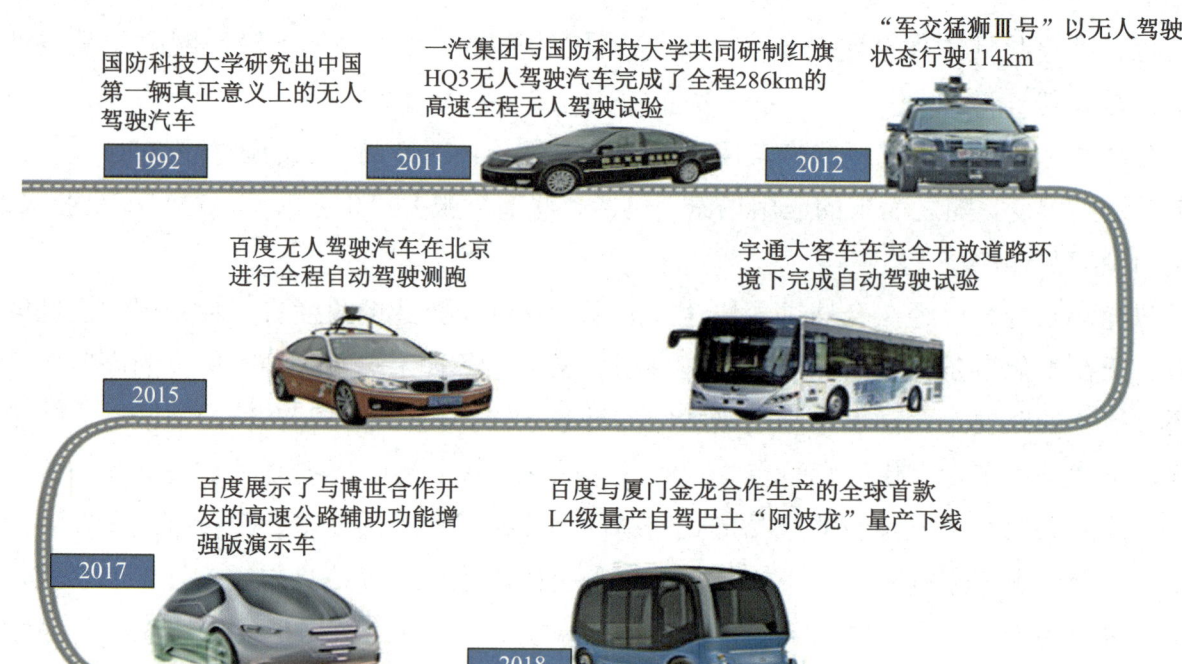

图1-2　国内智能汽车发展

二、智能网联汽车的发展现状

汽车保有量的增加，带来能源短缺、环境污染、交通拥堵和事故频发等问题。如何有效解决这些问题，已成为汽车行业发展的瓶颈。智能网联汽车的出现则提供了良好的解决方法。各个国家纷纷将智能网联汽车提高到国家"汽车强国"战略的高度，作为国家重点培育和支持发展的战略性新兴产业。

智能网联汽车采用智能传感器、智能控制系统和先进执行机构，依靠高速无线传输网络，实现车、人、路、云端等智能信息交换、共享，通过智能传感器感知周围复杂环境，并依靠智能控制系统进行决策、控制，实现车辆智能系统代替人进行驾驶。根据专业机构预计，智能网联系统在汽车产业内的装配率预计在2025年达到83%的水平；到2035年全球智能驾驶汽车销量将超过1000万辆。

在此前景下，各国纷纷从国家战略层面提出智能网联汽车相关的扶持方针政策，鼓励发展智能网联汽车产业，智能网联汽车正处飞速发展的黄金时期。

1. 国外发展现状

2016年，美国加利福尼亚州允许自动驾驶车辆在指定公共道路上进行测试。在无人驾驶测试的研发公司中，谷歌公司和通用汽车公司排名前列。德国戴姆勒公司也不甘落后，建立了全球智能网联汽车大数据平台，全自动驾驶已经达到了L4等级。日本、韩国也相继制订了自动驾驶研发计划，促使自身不断研发智能网联汽车技术，而且其研发领域更广阔，选择一般道路作为智能网联汽车驾驶的对象，使得被测试的道路不局限于高速公路。以欧盟为主导的传统西方汽车制造企业，如梅赛德斯-奔驰、宝马等依靠现有的高级驾驶辅助技术，联合 C-ITS 战略等，计划在 2030 年实现完全自动驾驶。部分国家智能网联汽车政策汇总及解读如表 1-1 所示。纵观全球可知，智能网联全球汽车产业链已经初具规模，各国汽车公司互相合作研发新技术，智能网联汽车已进入一个飞速发展的阶段。

表 1-1 部分国家智能网联汽车政策

国家	相关政策	政策内容
美国	《确保美国自动驾驶领先地位：自动驾驶汽车 4.0》（AV4.0）	确保美国自动驾驶技术的领先地位，确立了美国政府在自动驾驶汽车方面的三个核心技术原则。最终完成自动驾驶与国家交通运输系统有效融合，实现自动驾驶车辆无缝、安全运行
英国	新交通法规	法规指出，英国驾驶员能够在驾驶过程中使用特定的高级驾驶辅助功能，如遥控停车、高速公路驾驶辅助等功能
日本	《自动驾驶汽车安全技术指南》	主要对 L3 和 L4 级别的自动驾驶汽车需满足的安全要求进行了规定，指出 L3 级别的车辆需要能够自动识别驾驶员是否处于控制车辆状态，并且能够在必要时发出警报；L4 级别车辆需要能够判断车辆是否难以进行自动驾驶，并告知车辆驾驶员
德国	《道路交通法修订案》	允许自动驾驶在特定条件下替代人类驾驶，同时规定配有自动驾驶系统的汽车内需要安装类似"黑匣子"的装置，记录系统运作、要求介入和人工驾驶等不同阶段的具体情况，以明确交通事故责任
韩国	《自动驾驶汽车安全标准》	针对自动驾驶汽车的部分功能提出有条件自动驾驶汽车（L3 级）安全标准

2. 国内发展现状

我国政府非常重视智能网联汽车的发展，已经发布多项政策来促进智能网联汽车行业的成长。2017 年 4 月，工业和信息化部、国家发展和改革委员会及科学技术部三部委联合印发的《汽车产业中长期发展规划》指出，汽车行业发展的重点任务包括对智能网联汽车关键技术攻关和智能网联汽车示范推广，并将智能网联汽车推进工程列为八大工程之一。2019 年 9 月，中共中央、国务院印发的《交通强国建设纲要》指出，加强智能网联汽车（智能汽车、自动驾驶、车路协同）研发，形成自主可控完整的产业链。2020年 2 月，国家发展和改革委员会等十一部门印发《智能汽车创新发展战略》（下称《战略》），明确提出了建设中国标准智能汽车和实现智能汽车强国的战略目标。《战略》指出，到 2025 年，中国标准智能汽车的技术创新、产业生态、基础设施、法规标准、产品监管和网络安全体系基本形成。展望 2035 到 2050 年，中国标准智能汽车体系全面建成、更加完善。

2020 年 11 月 2 日，国务院办公厅发布了《新能源汽车产业发展规划（2021—2035 年）》，指出要加强智能网联汽车关键零部件及系统开发，实施智能网联技术创新工程，并且要完善智能网联汽车发展要求的相关政策法规，以适应智能网联汽车发展的需求。2020 年 11 月 11 日，国家智能网联汽车创新中心在"2020 世界智能网联汽车大会"上公布了《智能网联汽车技术路线图 2.0》，对智能网联产业顶层设计和市场化应用目标做出详细的规划部署。该路线图是支撑政府自动驾驶产业规划、推动行业技术创新、引导社会资源集聚的重要工作，并为中国汽车产业紧抓历史机遇、加速转型升级、支撑制造强国建设指明发展方向，提供决策参考。

2021 年 8 月，交通运输部、科学技术部发布了《关于科技创新驱动加快建设交通强国的意见》，指出要攻克交通运输关键核心技术，促进新一代信息技术与交通运输融合发展，推动大数据、人工智能、物联网、北斗导航、卫星通信等技术与交通运输深度融合，促进自动驾驶加快应用，要加快新一代轨道交通、新能源与智能网联汽车等自主研发及产业化。

2023 年 3 月，自然资源部发布了《智能汽车基础地图标准体系建设指南（2023 版）》（下称《指南》），对智能汽车基础地图标准化提出原则性指导意见，推动智能汽车基础地图及地理信息与汽车、信息通信、电子、交通运输、信息安全、密码等行业领域协同发展，逐步形成适应我国技术和产业发展需要的智能汽车基础地图标准体系。《指南》提出，到 2025 年，初步构建能够支撑汽车驾驶自动化应用的智能汽车基础地图标准体系，先行制定急用先行的 10 项以上智能汽车基础地图重点标准。到 2030 年，形成较为完善的智能汽车基础地图标准体系，为我国智能汽车、智慧交通、安全出行及新型智慧城市等智能汽车基础地图相关行业领域技术发展及产业落地提供标准支撑。

2023 年 7 月，工业和信息化部、国家标准化管理委员会联合修订印发了《国家车联网产业标准体系建设指南（智能网联汽车）（2023 版）》，针对智能网联汽车通用规范、核心技术与关键产品应用，构建包括智能网联汽车基础、技术、产品、试验标准等在内的智能网联汽车标准体系，充分发挥标准对智能网联汽车产业关键技术、核心产品和功能应用的基础支撑和引领作用。

截止到 2023 年 7 月中国智能网联汽车行业发展相关政策如表 1-2 所示，中国智能网联汽车行业分阶段技术目标如表 1-3 所示。

表 1-2 中国智能网联汽车行业发展相关政策汇总

时间	相关政策
2023 年 7 月	《国家车联网产业标准体系建设指南（智能网联汽车）（2023 版）》
2023 年 3 月	《智能汽车基础地图标准体系建设指南（2023 版）》
2022 年 11 月	《关于开展智能网联汽车准入和上路通行试点工作的通知（征求意见稿）》

续表

时间	相关政策
2022 年 8 月	《科技部关于支持建设新一代人工智能示范应用场景的通知》
2022 年 4 月	《关于开展汽车软件在线升级备案的通知》
2022 年 2 月	《车联网网络安全和数据安全标准体系建设指南》
2022 年 1 月	《"十四五"现代综合交通运输体系发展规划》
2021 年 9 月	《物联网新型基础设施建设三年行动计划（2021—2023 年）》
2021 年 8 月	《关于科技创新驱动加快建设交通强国的意见》
2021 年 4 月	《智能网联汽车生产企业及产品准入管理指南（试行）》
2021 年 3 月	《国家车联网产业标准体系建设指南（智能交通相关）》
2021 年 1 月	《交通运输部关于服务构建新发展格局的指导意见》
2020 年 12 月	《关于促进道路交通自动驾驶技术发展和应用的指导意见》
2020 年 11 月	《智能网联汽车技术路线 2.0》
2020 年 8 月	《交通运输部关于推动交通运输领域新型基础设施建设的指导意见》
2020 年 4 月	《2020 年智能网联汽车标准化工作要点》
2020 年 3 月	《工业和信息化部关于推动 5G 加快发展的通知》
2020 年 2 月	《智能汽车创新发展战略》
2019 年 12 月	《推进综合交通运输大数据发展行动纲要（2020—2025 年）》
2019 年 9 月	《交通强国建设纲要》
2018 年 12 月	《车联网（智能网联汽车）产业发展行动计划》
2018 年 4 月	《智能网联汽车道路测试管理规定（试行）》
2018 年 2 月	《交通运输部办公厅关于加快推进新一代国家交通控制网和智慧公路试点的通知》
2017 年 9 月	《智慧交通让出行更便捷行动方案（2017—2020 年）》
2016 年 10 月	《智能网联汽车技术路线图 1.0》
2015 年 12 月	《车联网发展创新行动计划（2015—2020 年）》

表 1-3　中国智能网联汽车行业分阶段技术目标

时间	顶层设计目标	市场化应用目标
发展期 2020—2025 年	（1）确立中国方案智能网联汽车发展战略，构建跨部门协同的管理机制 （2）基本构成中国智能网联汽车的政策法规、技术标准、产品安全和运行监管体系框架 （3）智能网联汽车协同新体系、多产业融合体系和新型生态体系初步形成	PA、CA 级智能网联汽车销量占当年汽车总销量的比例超 50%，HA 级智能网联汽车开始进入市场，C-V2X 终端新车装配率 50%
推广期 2026—2030 年	（1）中国方案智能网联汽车成为国际汽车发展体系重要组成部分 （2）全面建成中国智能网联汽车的政策法规、技术标准、产品安全和运行监管体系框架 （3）汽车与交通、信息通信等产业深度融合，新型产业生态基本建成	PA、CA 级智能网联汽车销量占当年汽车总销量的比例超 70%，HA 级车辆占比达 20%，C-V2X 终端新车装配率基本普及

续表

时间	顶层设计目标	市场化应用目标
成熟期 2031—2035年	（1）中国方案智能网联汽车产业体系更加完善 （2）实现与交通、信息、互联网等领域充分协调，与智能交通、智慧城市产业深度融合，打造共享和谐、绿色环保、互联高效、智能安全的智能汽车社会，支撑我国实现汽车强国、步入汽车社会	各类网联式高度自动驾驶车辆广泛运行于中国广大地区，HA、FA级智能网联汽车具备与其他交通参与者之间的网联协同决策与控制能力

资料来源：前瞻产业研究院

2020年12月，交通运输部印发《关于促进道路交通自动驾驶技术发展和应用的指导意见》，提出要贯彻中央创新驱动发展战略，以关键技术研发为支撑，以典型场景应用示范为先导，以政策和标准为保障，按照"鼓励创新、多元发展、试点先行、确保安全"的原则，坚持问题导向，提出了四个方面、十二项具体任务。"十四五"期间中国智能网联汽车行业发展主要任务如表1-4所示。

表1-4 "十四五"期间中国智能网联汽车发展主要任务

主要任务	内容解读
加强自动驾驶技术研究	包括加快关键共性技术攻关、完善测试评价方法和测试技术体系、研究混行交通监测和管控方法、持续推进行业科研能力建设等，引导创新主体围绕融合感知、车路交互、高精度时空服务、智能路侧系统、智能计算平台、网络安全、测试方法和工具、混行交通管理等进行攻关，不断健全技术体系
提升道路基础设施智能化水平	包括加强基础设施智能化发展规划研究、有序推进基础设施智能化建设等，推动基础设施数字转型、智能升级，促进道路基础设施、载运工具、运输管理和服务、交通管控系统等互联互通
推动自动驾驶技术试点和示范应用	包括支持开展自动驾驶载货运输服务、稳步推动自动驾驶客运出行服务、鼓励自动驾驶新业态发展等，鼓励按照从封闭场景到开放环境、从物流运输到客运出行的路径，深化技术试点示范
健全适应自动驾驶的支撑体系	包括强化安全风险防控、加快营造良好政策环境、持续推进标准规范体系建设等，主动应对由自动驾驶技术应用衍生的安全问题，优化政策和标准供给，支持产业发展

资料来源：前瞻产业研究院

2021年5月，住房和城乡建设部官网公布智慧城市基础设施与智能网联汽车协同发展首批试点城市，北京、上海、广州、武汉、长沙、无锡6市入选。

2021年7月，中国互联网协会发布了《中国互联网发展报告（2021）》，在车联网领域，2020年智能网联汽车的销量超过303万辆，同比增长107%。车联网为汽车工业产业的升级提供了创新驱动力，已被提到国家战略高度，我国车联网标准体系建设基本完备。

三、智能网联汽车定义及构成

1. 智能网联汽车的定义

2017年12月由工业和信息化部、国家标准化管理委员会印发的《国家车联网产业标准体系建设指南（智能网联汽车）》明确了智能网联汽车的定义。

智能网联汽车是指搭载先进的车载传感器、控制器、执行器等装置，并融合现代通信与网络技术，实现车与X（人、车、路、云端等）智能信息交换、共享，具备复杂环境感知、智能决策、协同控制等功能，可实现"安全、高效、舒适、节能"行驶，并最终可实现替代人来操作的新一代汽车。智能网联汽车的功能示意图如图1-3所示。

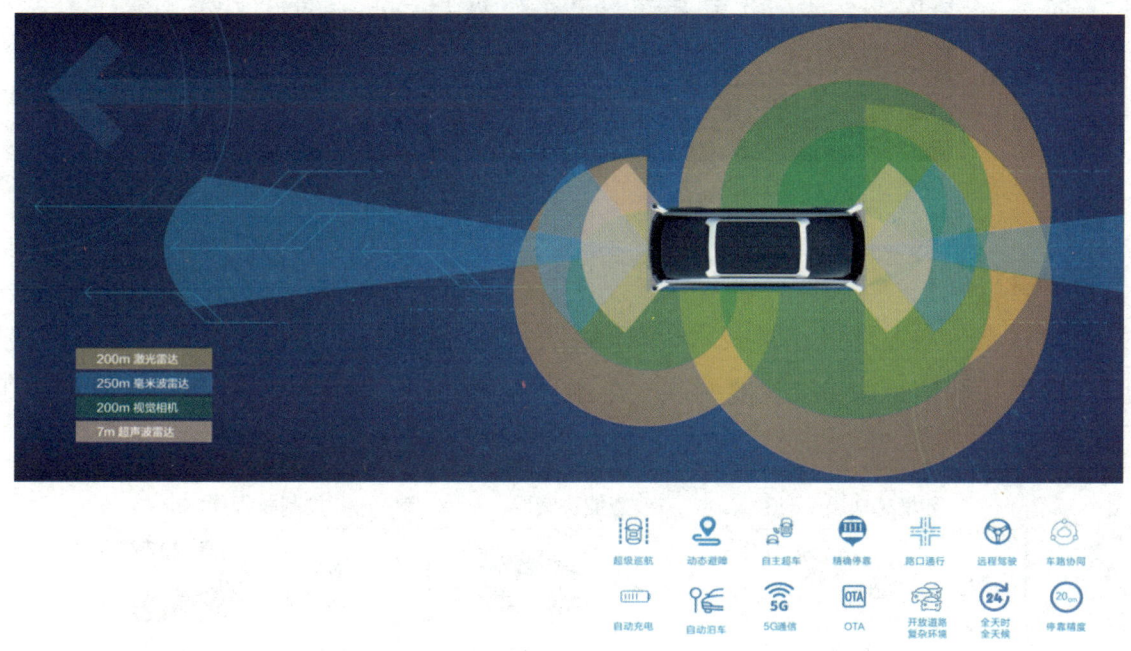

图1-3 智能网联汽车功能示意图

智能汽车是智能交通的重要组成部分之一，它与智能交通和车联网之间存在着密切关系，它们之间的关系如图1-4所示。

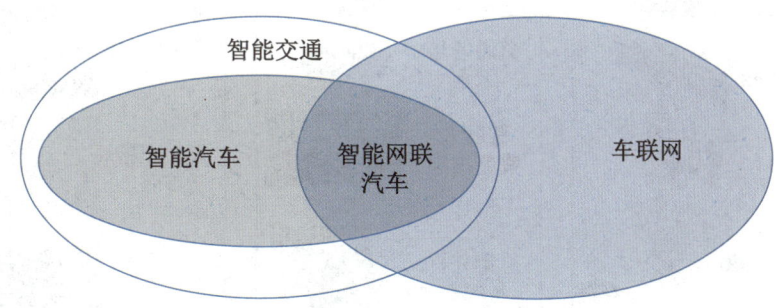

图1-4 智能网联汽车关系图

智能网联汽车通过车载信息终端实现与车、路、人、云端之间的无线通信和信息交换。智能汽车的聚焦点虽然是在车上，但是发展重点是提高汽车的安全性。车联网的聚焦点是建立一个比较大的交通体系，其发展重点是给汽车提供信息服务。智能网联汽车的初级阶段是具有高级驾驶辅助系统（ADAS）的汽车，终极目标是无人驾驶汽车，如图1-5所示。

图 1-5 无人驾驶汽车

2. 智能网联汽车的构成

智能网联汽车通过环境感知技术使车辆有序安全行驶，并能够通过无线通信网络等手段为用户提供各种信息服务。智能网联汽车由环境感知层、智能决策层和控制执行层组成，如图 1-6 所示。

图 1-6 智能网联汽车的构成

（1）环境感知层。

环境感知层主要通过车载环境感知技术（如各种雷达、视觉传感器、高精度定位与导航等）、车内网技术、4G/5G 及 V2X 无线通信技术等，实现对车内与车外各种状态信息的提取和收集，向智能决策层传递信息。环境感知层是智能网联汽车各类功能实现的前提。环境感知层示意图如图 1-7 所示。

图 1-7　环境感知层示意图

（2）智能决策层。

智能决策层接收环境感知层的信息并对信息进行分析、处理、决策。它可以根据识别到的道路、车辆、行人、交通标志或者交通信号等信息，判断、分析和决策车辆需要采取的驾驶模式和将要进行的操作，并向控制执行层输送指令。它是智能网联汽车各项功能得以实现的核心。

（3）控制执行层。

控制执行层根据智能决策层的指令操作并控制车辆，通过交互系统向驾驶员提供道路的交通信息、救援信息、安全信息、娱乐信息等信息与服务，提供安全驾驶、舒适驾乘和智能交互等功能。控制执行层示意图如图 1-8 所示。

图 1-8　控制执行层示意图

控制执行层主要靠车辆线控底盘和车身电子电器来实现车辆的自动控制、智能网联系统与车内驾乘人员的交互。

智能化和网联化是未来汽车工业的发展趋势。目前，智能网联汽车的发展还处于初级阶段。智能化和网联化可以提高汽车的安全性，如通过及时预警、干预、主动控制、合理的路径规划等来避免交通事故，降低能源消耗，满足使用者在安全、节能、舒适等方面的需求。

四、智能网联汽车技术分级

1. 美国关于智能网联汽车的技术分级

目前全球汽车行业公认的两个分级制度分别是由美国高速公路安全管理局（简称NHTSA）和美国汽车工程师学会（简称SAE）提出的。

美国高速公路安全管理局（NHTSA）将汽车自动化分为5级。

（1）无自动驾驶阶段（0级）。

此阶段驾驶员拥有车辆的全部控制权，任何时刻驾驶员都能单独控制汽车的运行，包括转向、制动、加减速等。

（2）驾驶员辅助阶段（1级）。

此阶段驾驶员拥有车辆的全部控制权，车辆具有一种或多种辅助控制技术，如倒车影像、车道偏离报警系统、电子稳定程序系统、定速巡航系统等。这些辅助控制系统独立工作，在特定情况下，通过对车辆运行状况的监测，提示驾驶员驾驶相关的信息或警告驾驶中可能出现的危险，以便驾驶员及时做出反应。此阶段技术发展较为成熟，应用范围也在逐步扩大。

（3）半自动驾驶阶段（2级）。

此阶段驾驶员和车辆共享车辆的控制权。车辆至少有两种高级驾驶辅助系统，并能够同时工作，如自适应巡航控制系统和车道保持辅助系统的功能相结合，在一定程度上能够协助驾驶员对车辆进行控制。此阶段目前处于快速发展阶段，未来将有更多的高级驾驶辅助系统应用在量产车上。2级和1级的主要区别是，2级在特殊操纵条件下，自动操纵模式可以让驾驶员脱离对汽车的操纵，而1级在任何条件下都不能离开驾驶员对汽车的操纵。

（4）高度自动驾驶阶段（3级）。

此阶段车辆和驾驶员共享车辆的控制权。在特定的道路环境下（高速公路、市区或者城郊等），驾驶员完全不用控制车辆，车辆可实现完全自动行驶，而且可以自动监测环境的变化以确定是否需要返回驾驶员驾驶模式。目前已提出的高度自动驾驶技术有高速公路自动驾驶系统、自动泊车系统等。高度自动驾驶技术目前尚未大量应用在量产车型上。3级和2级的主要区别是，3级在自动驾驶条件下，驾驶员不必时常监视道路，以自动驾驶为主，驾驶员驾驶为辅；2级在自动驾驶条件下，驾驶员必须监视道路，以驾驶员驾驶为主，自动驾驶为辅。

（5）完全自动驾驶阶段（4级）。

此阶段车辆拥有车辆的全部控制权，驾驶员在任何时候都不能获得控制权。驾驶员只需提供目的地信息，不需要参与整个驾驶过程。车辆能在全工况、全天候环境下完全掌握所有与安全有关的驾驶功能，并监视道路环境。完全自动驾驶的实现将意味着自动驾驶汽车真正进入人们的生活，也将使驾驶员从根本上得到解放，驾驶员可以在车上办公、休息、娱乐等。但是完全自动驾驶汽车要受到政策和相关法律的制约，真正实现量产任重道远。驾驶级别越高，高级驾驶辅助系统越多，车辆系统的集成与融合度越高，软件控制的重要性越大。

美国汽车工程师学会（SAE）将自动驾驶技术分为L0~L5共六个等级。L0代表没有自动驾驶加入的传统人类驾驶，L1~L5则随自动驾驶的成熟程度进行分级。

L0级完全由驾驶员进行驾驶操作，属于纯人工驾驶，汽车只负责执行命令并不进行驾驶干预。

L1级自动驾驶能给驾驶员一些驾驶支援。如已经在很多车上搭载的自适应巡航（ACC）功能，能够通过雷达探测与前车的实时距离自动控制加减速，从而保持与前车的安全距离。

L2级同样是在驾驶支援的范畴。如果汽车除了具备上面L1级描述中的自适应巡航外，同时还具备车道保持辅助（LKA）功能，或者自动变道功能，则属于L2级自动驾驶。系统除了能控制加减速，同时还能对转向盘进行控制，多项控制就是L2级。但是人仍然是驾驶环境的观察者。

L3级意味着道路环境的观察者由人变为系统。系统已经完全能够识别出直线、弯道、红绿灯、限速路牌，路上行走奔跑的人等各种环境。环境观察和驾驶操作都由系统来完成，机器可以独立完成几乎全部的驾驶操作，但驾驶员仍需要保持注意力集中，以便随时应对系统应对不了的情况。

L4级驾驶操作和环境观察仍然都由系统完成。在L3的基础上，驾驶员不需要对所有的系统要求进行应答。如只需要在某些复杂地形或者天气恶劣的情况时，才需要人对系统请求做出决策，而其他情况下系统能独自应付自动驾驶。

L5级就是在所有条件下系统都可以控制车辆，驾驶员不需要参与驾驶过程，可以实现完全无人驾驶。

2. 中国关于智能网联汽车的技术分级

中国把智能网联汽车智能化划分为五个等级，分别是辅助驾驶（DA）、部分自动驾驶（PA）、有条件自动驾驶（CA）、高度自动驾驶（HA）和完全自动驾驶（FA）。

（1）辅助驾驶（DA）。

系统根据环境信息对行驶方向和加减速中的一项操作提供支援，其他驾驶操作都由驾驶员来完成。此阶段适用于车道内正常行驶,高速公路无车道干涉路段行驶,无换道行驶等。

(2)部分自动驾驶(PA)。

系统根据环境信息对行驶方向和加减速中的多项操作提供支援,其他操作都由驾驶员完成。适用于高速公路及市区无车道干涉路段泊车、换道、环岛绕行等。

(3)有条件自动驾驶(CA)。

由自动驾驶系统完成所有驾驶操作,根据系统请求,驾驶员需要提供适当的干预。适用于高速公路正常行驶工况,还适用于高速公路及市区无车道干涉路段换道、拥堵跟车、泊车、环岛绕行等工况。

(4)高度自动驾驶(HA)。

由自动驾驶系统完成所有驾驶操作,特定环境下系统会向驾驶员提出响应请求,驾驶员可以对系统请求不进行响应。适用于有车道干涉路段(车流汇入、人车混杂交通流、拥堵区域、交叉路口等)市区复杂工况。

(5)完全自动驾驶(FA)。

自动驾驶系统不需要驾驶员介入,可以完成驾驶员能够完成的所有道路环境下的操作,适用于所有行驶工况。

无论哪种分级,从驾驶员对车辆控制权的拥有程度来看,可以分为驾驶员拥有车辆全部控制权、驾驶员拥有车辆部分控制权、驾驶员不拥有车辆控制权三种形式。其中当驾驶员拥有车辆部分控制权时,根据车辆ADAS的配备和技术成熟程度,决定驾驶员拥有多少的车辆控制权,ADAS装备越多、技术越成熟,驾驶员拥有车辆控制权越少,车辆自动驾驶程度越高。

不同国家和机构对智能网联汽车的技术分级如表1-5所示。

表1-5 智能网联汽车的技术分级

智能化等级			等级名称	等级定义	控制	监视	失效应对	典型工况
NHTSA	SAE	中国						
人监控驾驶环境								
0	L0	0	无自动化/应急辅助	驾驶员完成所有驾驶操作,系统只起到警告和辅助作用	人	人	人	
1	L1	DA	辅助驾驶	系统完成转向或变速中的一项操作,其他所有驾驶操作由驾驶员完成	人与系统	人	人	车道内正常行驶,高速公路无车道干涉路段行驶,泊车工况
2	L2	PA	部分自动驾驶	系统完成转向和变速中的多项操作,其他所有驾驶操作由驾驶员完成	人与系统	人	人	高速公路及市区无车道干涉路段泊车、换道、环岛绕行、拥堵跟车等工况

续表

智能化等级			等级名称	等级定义	控制	监视	失效应对	典型工况
NHTSA	SAE	中国						
				自动驾驶系统监控驾驶环境				
3	L3	CA	有条件自动驾驶	由自动驾驶系统完成所有驾驶操作，根据系统请求，驾驶员需要提供适当干预	系统	系统	人	高速公路正常行驶工况，市区无车道干涉路段换道、拥堵跟车等工况
	L4	HA	高度自动驾驶	由自动驾驶系统完成所有驾驶操作，特定环境下系统会提出响应请求，驾驶员可以不进行响应	系统	系统	系统	高速公路全部工况及市区有车道干涉路段工况
4	L5	FA	完全自动驾驶	自动驾驶系统可以完成驾驶员能够完成的所有道路环境下的驾驶操作，不需要驾驶员介入	系统	系统	系统	所有行驶工况

总结与拓展

智能网联汽车是在一般的汽车上增加雷达、摄像头等先进传感器、控制器、执行器等装置，并融合现代通信与网络技术，实现车与车、路、人、云端等智能信息交换、共享，使车辆具备智能环境感知能力，能够自动分析车辆行驶的安全及危险状态，并最终实现替代人来操作的新一代汽车。

智能网联汽车技术分级：我国把智能网联汽车智能化划分为五个等级，即辅助驾驶（DA）、部分自动驾驶（PA）、有条件自动驾驶（CA）、高度自动驾驶（HA）和完全自动驾驶（FA）。

全球智能网联汽车产业发展驶入快车道，国内外相关政策和技术标准持续创新发布、技术难题不断突破、迭代升级，有力地推动了产业从示范化运营逐步过渡到商业化落地，也加速了智能网联汽车与智能交通、智慧城市的深度融合发展。我国智能网联汽车进入技术快速演进、产业加速布局的关键时期，正在实现与老牌汽车强国"并跑"甚至"部分领跑"的可喜态势。同时它也是我国实现交通强国、制造强国、科技强国、网络强国等发展目标的重要载体。我们要为智能网联汽车打造良好的场景生态，建立真实的智能网联汽车运行大数据平台，加强国际交流，推动跨行业协作，共同绘制中国智能网联汽车路线图。

设备信息	设备厂家	
	设备名称	
	设备型号	

续表

项目	作业记录内容	备注
任务描述	依据下述实训流程完成各环节实训任务。	
一、前期准备	1. 更换工装和劳保鞋； 2. 按照场地实际情况进行实训分组； 3. 发放实训工单，自备黑色签字笔； 4. 讲清实训纪律。	
二、信息收集	1. 汽车的"四化"发展趋势。 2. 智能网联汽车系统构成。 3. 智能网联汽车发展的终极目标。 4. 智能网联汽车定义。 5. 美国智能网联汽车技术分级。	
三、实物认知	根据每组所分车辆，判别出其所属技术分级层次。	
四、连线题	将中英文连接起来。 辅助驾驶　　　　PA 高度自动驾驶　　FA 有条件自动驾驶　CA 完全自动驾驶　　DA 部分自动驾驶　　HA	
五、知识拓展	通过搜集资料，概述目前国内外智能网联汽车发展状况。	
六、现场恢复	（不需要填写）	

智能网联汽车的认知 项目一

任务 2 智能网联汽车产业架构

情景引入

从 2010 年以车载信息娱乐服务为核心的"车联网"概念的萌芽，到 2016 年以行车安全为核心的智能网联技术路线的提出，再到 2017 年 LTE-V2X 标准的确定开启商业化进程。从 2020 年开始 5G 逐步替代 LTE 实现更高级别的自动驾驶，至今，智能网联汽车产业经历了十几年摸索，以 V2X 为核心基础实现网联自动驾驶的产业路径逐渐清晰，产业前景渐明。你了解智能网联汽车的产业架构吗？

资讯信息

一、智能网联汽车的体系架构

智能网联汽车集中运用了汽车工程、自动控制、人工智能、计算机、通信与平台等技术，是一个集环境感知、规划决策、控制执行、信息交互等于一体的高新技术综合体，拥有相互依存的价值链、技术链和产业链体系。

1. 智能网联汽车的价值链

汽车智能化和网联化可以提高汽车行驶的安全性，并且能够有效缓解驾驶员的驾驶疲劳。同时这项技术能够帮助合理分配能源，提高能源的利用率，非常符合当前社会节能环保的观念。有关调查研究显示，智能网联汽车的发展提高了汽车的整体性能，无论是安全系数、驾驶体验、还是能源利用率等都有较大幅度的提高。现代汽车发展已经迈入新阶段，智能网联汽车已经实现了在公交、环卫、干线物流、末端配送、自动泊车等范围的应用。

2. 智能网联汽车的技术链

从技术发展路径来说，智能汽车可以分为三个发展方向：网联式智能汽车（CV）、自主式智能汽车（AV），及两者的融合，即智能网联汽车（CAV 或 ICV），如图 1-9 所示。

智能网联汽车融合了网联式智能汽车与自主式智能汽车的技术优势，涉及汽车整车及零部件、交通、信息通信等诸多领域，其技术架构比较复杂。智能网联汽车标准体系横向以智能感知与信息通信层、决策控制与执行层、资源管理与应用层三个层次为基础，纵向以功能安全和预期功能安全、网络安全和数据安全通用规范技术为支撑，形成"三横两纵"的核心技术架构，完整呈现标准体系的技术逻辑，明确各项标准在智能网联汽车产业技术体系中的地位和作用。同时结合智能网联汽车与移动终端、基础设施、智慧城市、出行服务等相关要素的技术关联性，体现跨行业协同特点，共同构建以智能网联汽车为核心的协同发展有机整体，更好地发挥智能网联汽车标准体系的顶层设计和指导作用，如图1-10所示。

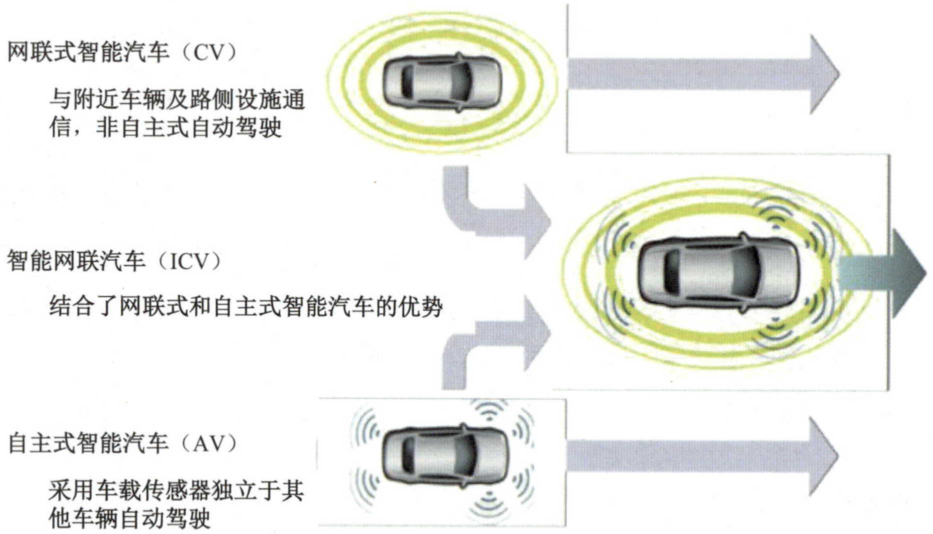

图1-9　智能网联汽车技术途径

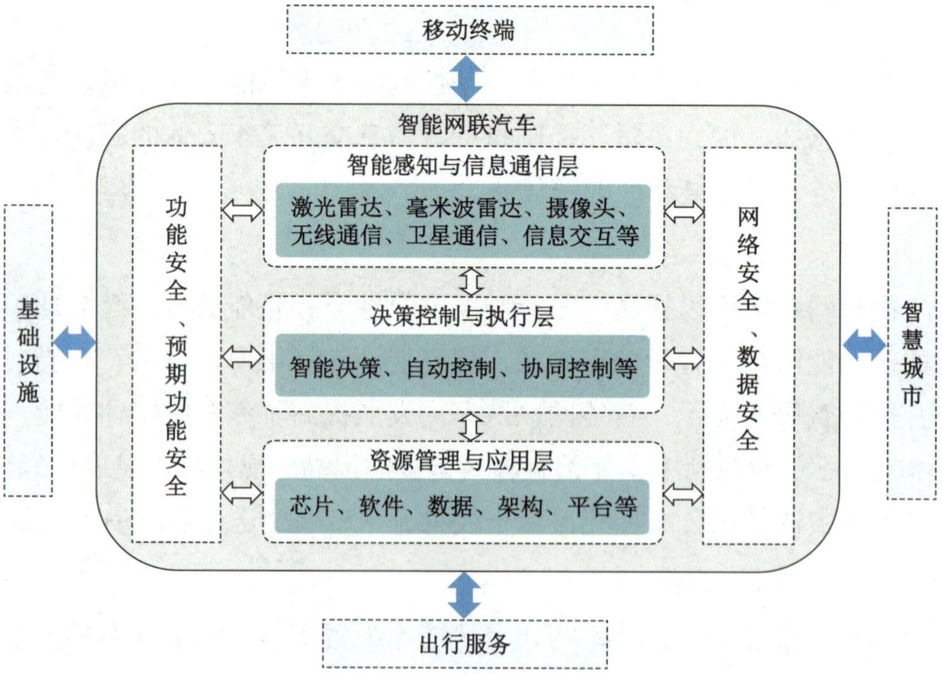

图1-10　智能网联汽车标准体系技术逻辑框架

3. 智能网联汽车的产业链

智能网联汽车的产品体系可分为传感系统、决策系统、执行系统三个层次，分别可类比人类的感知器官、大脑及手脚，如图1-11所示。

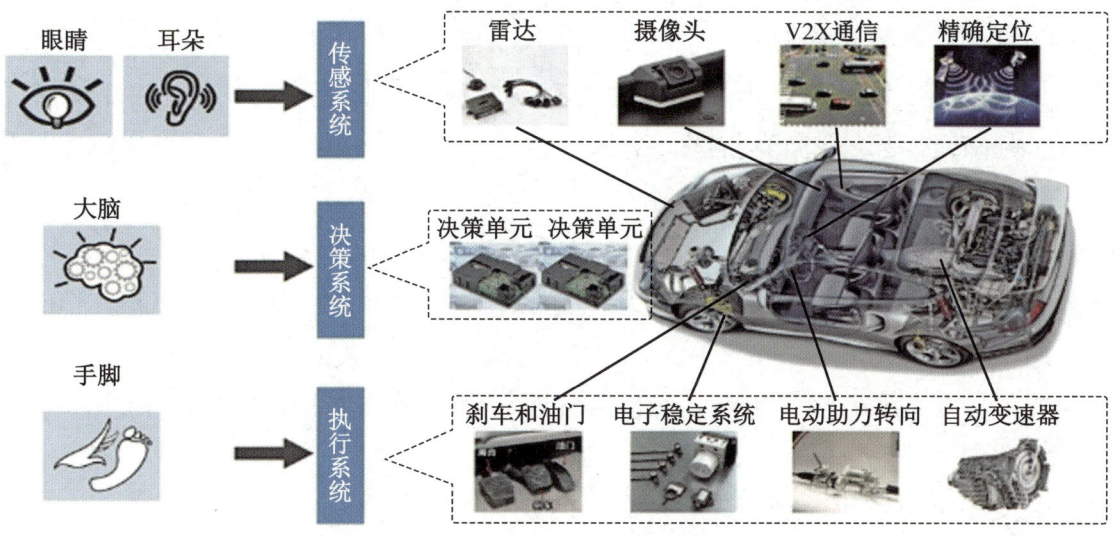

图 1-11 智能网联汽车的三个产品层次

智能网联汽车的产业链涉及汽车、电子、通信、互联网、交通等多个领域，按照产业链上下游关系主要包括以下几类。

（1）芯片厂商。

开发和提供车规级芯片系统，包括环境感知系统芯片、车辆控制系统芯片、通信芯片等。

（2）传感器厂商。

开发和供应先进的传感器系统，包括机器视觉系统、雷达系统（激光雷达传感器、毫米波雷达传感器、超声波雷达传感器）等。

（3）汽车电子/通信系统供应商。

能够提供智能驾驶技术研发和集成供应的企业，如自动紧急制动、自适应巡航、V2X通信系统、高精度定位系统等。

（4）整车企业。

提出产品需求，提供智能汽车平台，开放车辆信息接口，进行集成测试。

（5）平台开发与运营商。

开发车联网服务平台、提供平台运营与数据挖掘分析服务。

（6）内容提供商。

高精度地图、信息服务等的供应商。

二、智能网联汽车的产业状态

1. 智能网联汽车产业链形态

（1）芯片和计算平台供应商。

开发和供应智能网联汽车感知、决策、控制等所需的芯片和计算平台，支撑智能网联汽车图像识别、语音识别、自动驾驶等算法的硬件资源，如提供 ASIC、CPU 等。

(2) 先进的传感器供应商。

开发和供应智能网联汽车所用的各种传感器，包括机器视觉传感器（单目、双目摄像头）、雷达（超声波雷达、激光雷达、毫米波雷达）、地图与定位传感器（高精度地图、位置数据）等。

(3) 车载操作系统供应商。

管理控制车载硬件与软件资源的底层程序系统，包括提供 Android、iOS、Linux 等。

(4) 通信设备供应商。

开发并供应车载移动互联设备、车载短程通信设备等，包括提供 4G/5G 通信模块、V2V 短程通信模块等。

(5) 信息安全方案供应商。

提供覆盖车联网（端侧、管侧、云侧）和车辆（车载终端、车载网关、车内网络、车载控制器）纵深防御的信息安全解决方案，可实现关键信息和一般信息的分域隔离。

(6) 系统集成供应商。

能够提供智能网联汽车自动驾驶技术研发和集成、车载信息系统技术研发和集成的软硬件供应企业，包括提供自动紧急制动系统、自适应巡航系统、底盘控制系统、车载信息系统等。

(7) 整车企业。

包括传统车企和新兴车企，设计智能网联汽车体系架构，确定产品需求，构建智能汽车开发平台，开放车辆信息接口等，新兴车企以新能源整车开发为主。

(8) 车联网服务提供商。

主要提供通信运营服务、车载平台运营服务和娱乐资讯服务等。

(9) 出行服务提供商。

主要指出行运营商，主要提供共享出行服务。

2. 智能网联汽车产业链特征

（1）国外传统车企争先发布智能网联汽车发展规划，加快智能化、网联化转型与布局研发智能网联汽车相关技术。宝马、通用、沃尔沃等传统车企为了维护其在传统汽车制造业产业链中的核心地位，相继发布智能网联汽车发展规划，明确 PA 级、CA 级、HA 级及以上智能化车辆的时间节点。同时设立专门研发中心加大感知、决策和控制等技术的研发资金投入，并与互联网科技企业、通信设备商和运营商、高校及科研机构等开展多方合作，推动智能网联汽车技术研发及产业化应用。

我国自主车企也紧随其后，一汽发布"挚途"技术战略，明确智能网联汽车发展的各阶段的目标；长安汽车订订面向 2025 智能汽车技术发展规划，即"654 战略"：搭建"电子电器平台、环境感知及执行平台、中央决策平台、软件平台、测试环境平台、标准法规平台"6 大平台，掌握"自动泊车核心技术、自适应巡航核心技术研究（纵向及横向控制）、智能互联核心技术研究、HMI（人机界面）交互核心技术研究"等 5 大核心应用技术，分 4

个阶段实现智能化技术的产业化。

（2）互联网公司利用智能算法、芯片等各自优势加快智能网联汽车的布局，成为智能网联汽车产业链重构的重要参与者。

随着物联网、移动互联网、云计算、大数据等新一代信息技术与传统汽车融合步伐的加快，互联网企业借助智能算法、智能芯片等新技术对汽车进行颠覆性改造与革新。它们在高度智能化数据分析和决策软硬件能力方面具有较大优势，并将目光聚焦在智能网联汽车车载感知、决策关键核心技术研发及整体解决方案上。国内外互联网巨头都已着手布局智能网联汽车传感器、计算平台、自动驾驶系统、高精度地图等核心领域。一些国内外初创企业也积极加入，成为智能网联汽车发展的重要参与者。

（3）传统汽车零部件巨头立足自身汽车电子技术优势，不断完善智能网联汽车感知、决策、控制的战略布局。

博世、大陆、电装、德尔福等企业被称为传统零部件供应商，随着智能网联汽车技术的快速发展，它们各自在智能网联汽车自动驾驶软硬件技术解决方案领域进行技术储备和战略布局。

（4）产业链跨界合作进入深度整合期，各方合纵连横、优势互补，寻求在智能网联汽车产业链上的主导地位。

智能网联汽车是一个集环境感知、规划决策、执行控制等功能于一体的综合系统，其高级形式的高度自动驾驶/无人驾驶更是人工智能的重要应用场景，产业链构成错综复杂。传统车企有强大的硬件制造能力及辅助驾驶系统应用经验，互联网科技巨头在算法、芯片等技术方面领先，零部件供应商有强大的整车系统集成能力，出行服务商有流量和数据。为了能在智能网联汽车产业链上占据主导地位，各方跨界合作动作频频，整个智能网联汽车产业链正处于深度整合期。

总结与拓展

从技术发展路径来说，智能汽车分为三个发展方向：网联式智能汽车（CV）、自主式智能汽车（AV），以及智能网联汽车（CAV或ICV）。

智能网联汽车标准体系横向以智能感知与信息通信层、决策控制与执行层、资源管理与应用层三个层次为基础，纵向以功能安全和预期功能安全、网络安全和数据安全通用规范技术为支撑，形成"三横两纵"的核心技术架构，完整呈现标准体系的技术逻辑，明确各项标准在智能网联汽车产业技术体系中的地位和作用。

智能网联汽车的产品体系可分为传感系统、决策系统、执行系统三个层次，分别可类比人类的感知器官、大脑及手脚。

中国智能网联汽车行业市场规模将持续扩大，发展也会越来越快。未来几年，政策支持、技术创新和基础设施的发展将会成为推动中国智能网联汽车行业发展的重要因素，智能网联汽车市场规模将越来越大，发展前景较为乐观。

设备信息	设备厂家		
	设备名称		
	设备型号		
任务描述	依据下述实训流程完成各环节实训任务。		
项目	作业记录内容		备注
一、前期准备	1. 更换工装和劳保鞋； 2. 按照场地实际情况进行实训分组； 3. 发放实训工单，自备黑色签字笔； 4. 讲清实训纪律。		
二、信息收集	1. 智能网联汽车的产品体系可分为_____、_____、_____三个层次，分别可类比人类的感知器官、大脑及手脚。 2. 智能网联汽车"三横两纵"技术构架。 3. 智能网联汽车产业状态及特征。		
三、模块认知	请在蓝色区域填出适当的名词。		
四、连线题	将中英文连接起来。 网联式智能汽车　　　　CAV/ICV 智能网联汽车　　　　　AV 自主式智能汽车　　　　CV		

· 22 ·

续表

项目	作业记录内容	备注
五、知识拓展	通过搜集资料，展望一下智能网联汽车未来产业发展状况。	
六、现场恢复	（不需要填写）	

任务 3 智能网联汽车关键技术及发展趋势

情景引入

智能网联汽车通过现代通信技术实现与其他车辆、道路和行人等之间进行数据交互，结合汽车自身环境感知系统，对行驶环境进行识别，并加以智能决策和协同控制，实现汽车自动驾驶与网联服务，提高汽车安全性、舒适性和高效性。

你了解智能网联汽车关键技术吗？

资讯信息

一、智能网联汽车关键技术

1. 环境感知技术

智能网联汽车环境感知技术包括视觉成像技术、雷达（超声波雷达、激光雷达、毫米波雷达）检测技术、多源信息融合技术、传感器冗余设计技术等。主要利用传感器获取车辆位置、道路和障碍物等信息（如图 1-12 所示），并将这些信息传输给车载控制中心，为智能网联汽车提供决策的依据，是智能网联汽车的"通天眼"。其感知信息的准确性和及时性直接对汽车的正常、安全行驶起着决定性作用。

2. 无线通信技术

无线通信技术是汽车智能网联中重要的技术之一，其特点是依靠电磁波传输数据和音频。智能网联汽车的所有动作都要以其为基础来实现，从而来提高信息交互的即时性及稳定性。无线通信技术一般依靠信号发射设备、传输介质和接收设备基本硬件来运行。

目前，智能网联汽车已广泛应用长、短距离无线通信技术，长距离无线通信技术提供即时接入互联网，主要是 4G/5G 技术，特别是 5G 技术，有望成为车载长距离无线通信专用技术，目前已经被运用到智能网联汽车的自动驾驶中。短距离通信技术有专用短程通信技术（DSRC）、蓝牙、Wi-Fi 等，其中 DSRC 可以对高速运动的目标进行识别和双向通信，如 V2V、V2R 双向通信，实时传输图像、语音和数据信息等。

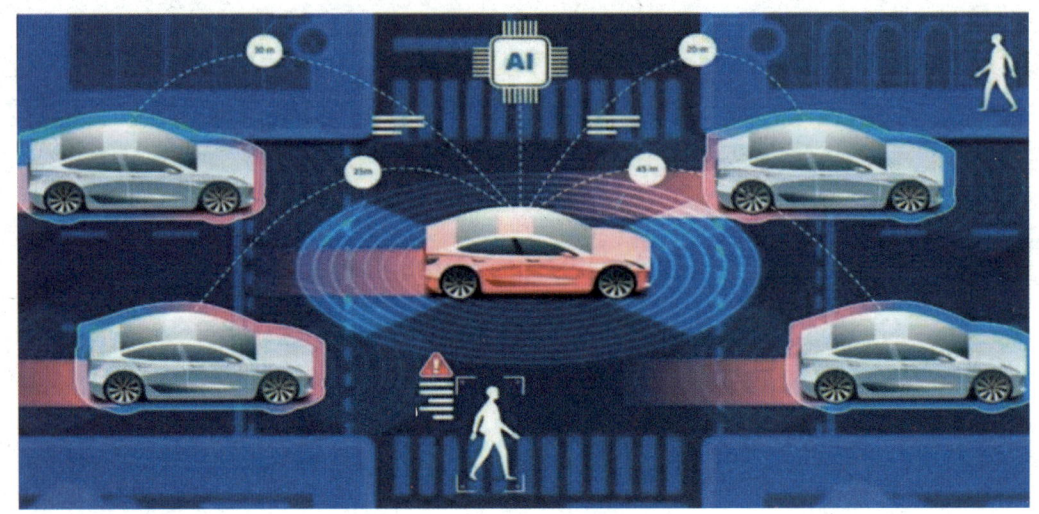

图 1-12　环境感知技术

3. 地图与定位技术

智能驾驶系统离不开高精度定位系统及高精度地图技术，它对智能驾驶系统起着主导作用。一旦车载传感器定位受到限制或者发生故障，高精度地图就成为智能驾驶系统的"眼睛"，主动应用辅助定位功能，为智能驾驶系统精准地提供实时路况和车辆的定位信息。地图与定位技术是智能网联汽车的核心部分。

4. 驾驶辅助技术

驾驶辅助技术主要是通过环境感知技术及网络技术对车辆、道路、交通标志及信号、行人等信息进行检测、识别和分析，并执行相应的控制策略，保障车辆安全通行。它是智能网联汽车的一大特点，也是智能网联汽车重点发展的技术，其中自适应巡航控制技术、车道偏离预警技术、前向碰撞预警技术都是当下较为先进的驾驶辅助技术。

5. 智能互联技术

在行驶过程中，汽车之间虽然可以进行信息互通，但当车辆之间距离比较远或被障碍物遮挡时，车辆之间可能出现无法沟通交流的状况。此时智能网联汽车可以与路侧单元采用短距离通信技术实现 V2V 和 V2X 之间的通信，在一定区域内形成局域车载网络系统，不同车辆间可以相互交换各自的行驶信息和环境感知信息等。

6. 人机界面技术

智能网联汽车人机界面应集成车辆控制、导航系统、功能设定、信息娱乐、车载电话等多项功能，方便驾驶员快捷地从中查询、设置、切换车辆系统的各种信息，从而使车辆达到理想的运行和操纵状态。未来车载信息显示系统和智能手机将无缝连接，人机界面提供的输入方式也会有很多种不同的选择。

智能网联汽车人机界面设计的最终目的是增加用户的驾驶乐趣或提升用户的操作体验，但是它必须在安全第一的前提下，在好的用户体验和安全之间做好平衡。

二、汽车智能化与网联化发展趋势

1. 以深度学习为代表的 AI 技术快速发展和应用

以深度学习方法为代表的人工智能（AI）技术在智能网联汽车上得到快速应用。尤其在环境感知领域，深度学习方法已凸显出巨大的优势。

深度学习方法需要大量的数据作为样本库，因此对数据采集和存储的需求较高。但深度学习方法存在内在机理不清晰、边界条件不确定等缺点，需要与其他传统方法融合使用以确保可靠性。目前，深度学习方法也受车载芯片处理能力的限制。

2. 激光雷达等先进传感器加速向低成本、小型化发展

激光雷达相较于毫米波雷达等其他传感器具有分辨率高、识别效果好等优点，因此越来越成为自动驾驶汽车的主流传感器。但其体积大、成本高，同时易受雨雪等天气条件影响。这导致它现阶段难以大规模商业化应用。

目前，激光雷达正在向着低成本、小型化的固态扫描或机械固态混合扫描形式发展，但仍需要克服外界因素对探测距离、分辨率的影响和成本等问题。

3. 自主式智能与网联式智能技术加速融合

网联式系统能从时间和空间维度提升自主式系统对于车辆周边环境的感知能力。

（1）在时间维度。

通过 V2X 通信，网联式系统能够提前获知周边车辆的操作信息、交通控制系统信息，以及气象条件、拥堵情况等更长期的未来状态信息。

（2）在空间维度。

通过 V2X 通信，网联式系统能够感知交叉路口盲区、弯道盲区、车辆遮挡盲区等位置的环境信息，从而帮助自动驾驶系统更全面地掌握周边交通态势。

网联式智能技术与自主式智能技术相辅相成，互为补充，正在加速融合发展。

4. 高速公路与城市低速区域自动驾驶系统将率先应用

高速公路与城市低速区域将是自动驾驶系统率先应用的两个场景。

高速公路的车道线、标示牌等结构化特征清晰，交通环境相对简单，适合车道偏离报警（LDW）、车道保持系统（LKS）、自动紧急制动（AEB）、自适应巡航控制（ACC）等驾驶辅助系统的应用。目前，市场上常见的特斯拉等自动驾驶汽车就是 L2—L4 级自动驾驶技术的典型应用。

而在特定的城市低速区域内，可提前设置好高精度定位、V2X 等支撑系统，采集好高精度地图，实现在特定区域内的自动驾驶，如园区自动通勤车、自动物流运输车、景区自动摆渡车等。

5. 自动驾驶汽车测试评价方法研究与测试场建设成为热点

随着技术的发展，自动驾驶汽车的安全性受到越来越多的关注，关于自动驾驶汽车测试评价方法的研究，以及测试场、示范区的建设成为全球热点。

对自动驾驶车辆的考核，可以类比驾驶员的考核过程。

（1）"体检"。

检查自动驾驶系统对环境感知、车辆控制等的基本能力。

（2）理论测试。

测试自动驾驶汽车对交通法规的遵守能力。

（3）场地考核。

在特定场景下的自动驾驶测试。

（4）实路考核。

将自动驾驶汽车放置于特定开放测试道路内进行实际测试。

在测试场建设方面，美国密歇根大学率先建成了智能网联汽车专用测试场"M 城市"。日本、欧洲等多地也已建成或在积极建设各类智能网联汽车专用测试场。上海嘉定于 2016 年率先建成中国第一个专业的智能网联汽车测试场。随着智能网联汽车的快速发展，北京、重庆等地纷纷建设智能网联汽车试验基地。北京市统筹组织交通、汽车、通信产业链 9 家龙头企业组建成立"北京智能车联产业创新中心"。2019 年北京市首个 T1—T5 级别测试场对外开放运营。2019 年 12 月 8 日中国通信技术集团中国汽研智能网联汽车试验基地在重庆落成投用。

总结与拓展

智能网联汽车是一种跨技术、跨产业领域的新兴汽车体系，其关键技术有环境感知技术、无线通信技术、地图与定位技术、驾驶辅助技术、智能互联技术、人机界面技术等。

随着智能网联汽车人工智能和通信技术的不断升级，以及 5G 商用进程的深入，车联网渗透率与电动车智能化程度不断提升，从而带动通信模组、智能驾驶系统等行业需求进一步提升，更快速地推动了智能网联汽车的发展。

设备信息	设备厂家		
	设备名称		
	设备型号		
任务描述	依据下述实训流程完成各环节实训任务。		
项目	作业记录内容		备注
一、前期准备	1. 更换工装和劳保鞋； 2. 按照场地实际情况进行实训分组； 3. 发放实训工单，自备黑色签字笔； 4. 讲清实训纪律。		
二、信息收集	1. 智能网联汽车关键技术。 2. 智能网联汽车环境感知技术。 3. 智能网联汽车发展的终极目标。		
三、实物认知	根据每组所分智能网联车辆，列举出其所包含的关键技术。		
四、名词解释	请说明下列英文缩写的含义。 LDW： LKS： AEB： ACC L2： L4： ADAS：		
五、知识拓展	通过搜集资料，列举出智能网联汽车未来发展趋势。		
六、现场恢复	（不需要填写）		

练习与思考题

1. 汽车的发展呈现出_____、_____、_____、_____四大发展趋势。

2. 智能网联汽车的产品体系可分为_____、_____、_____三个层次，分别可类比人类的感知器官、大脑及手脚。

3. 智能网联汽车发展的终极目标是_____。

4. 简述智能网联汽车定义。

5. 简述我国智能网联汽车的技术分级。

6. 智能网联汽车所涉及的关键技术有哪些？

7. 简述智能网联汽车的发展趋势。

项目二

智能网联汽车环境感知技术

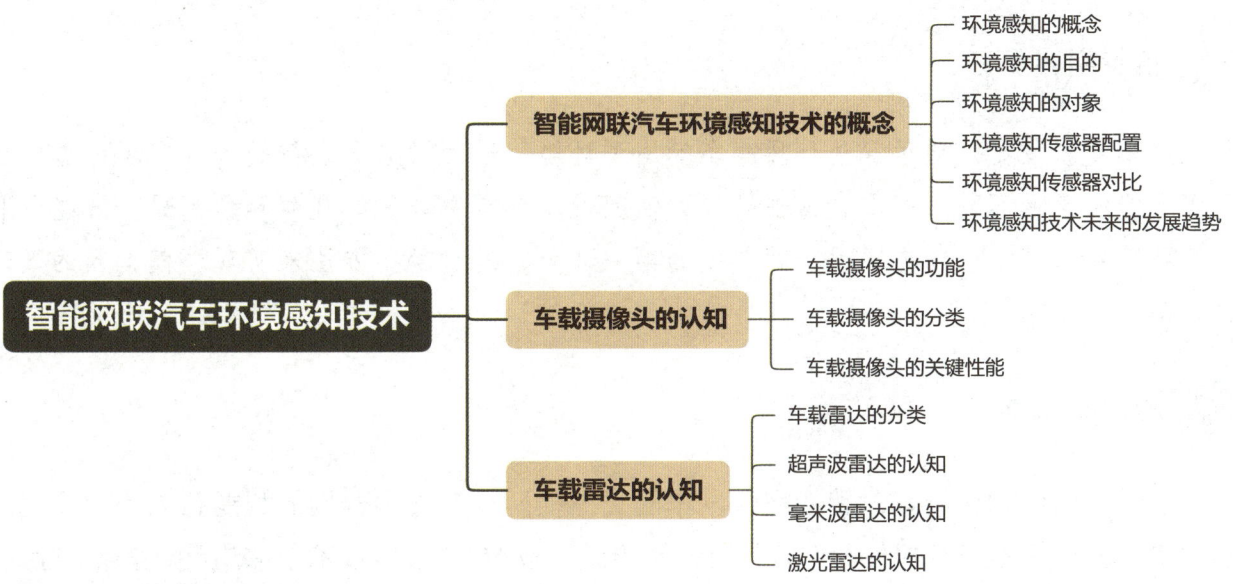

📋 知识目标

1. 能说出车载传感器的特点和分类；
2. 能描述车载摄像头的类型、结构与工作特点；
3. 能区分不同类型的超声波雷达的结构与工作特点；
4. 能说出毫米波雷达的类型、结构与工作特点；
5. 能区分激光雷达的类型、结构及应用。

📐 技能目标

1. 能进行车载摄像头的区分；
2. 能进行超声波雷达的区分；
3. 能进行毫米波雷达的区分；
4. 能进行激光雷达的区分。

素养目标

1. 养成团队协作、善于沟通的职业素养；
2. 弘扬科学严谨、精益求精的职业精神。

任务 1　智能网联汽车环境感知技术的概念

情景引入

汽车驾驶主要是通过驾驶员观察车辆周围环境，进而操纵车辆行驶，以实现前进、后退等功能。无人驾驶汽车没有驾驶员，如何实现车辆周围环境的观察和预判呢？智能网联汽车环境感知技术，作为实现自动驾驶的第一环节，通过哪些方法来实现"模拟人的眼睛和耳朵"功能呢？

资讯信息

通过前面的知识学习，智能网联汽车的"三横两纵"技术架构的智能感知，即环境感知技术，通过安装在智能网联汽车上的智能传感器或V2X通信技术获取道路、车辆、行人、交通标识、信号灯等信息，并将这些信息传输给车载控制中心，应用于高级驾驶辅助系统（ADAS）或自动驾驶系统，保障智能网联汽车能够安全、准确到达目的地。

一、环境感知的概念

环境感知主要包括路面、静态物体和动态物体三个方面，涉及道路边界检测、车辆检测、行人检测等。特别是对于动态物体，不仅要检测还要对其运动轨迹进行追踪，并根据追踪结果预判出其下一步的轨迹或位置。

因此，环境感知是硬件设备（即感知设备）和软件算法（即感知技术）的统一体。其中，硬件设备是感知的物理基础，主要指各种车载智能传感器。

环境感知用到多种智能传感器，智能传感器主要指视觉传感器、超声波雷达、毫米波雷达、激光雷达等，由于各个传感器的天然属性不同，因此它们都具有各自的适应范围和局限性，单个传感器实现不了各种工况下的精确感知，车辆若想在各种环境下平稳运行，需要运用多传感器融合技术，该技术也是环境感知的关键所在。

除此之外，智能网联汽车还需要高精度定位系统、高精度地图等获取环境信息，数据形式包括图像、视频、点云图等。如何有效挖掘、利用该数据，除去与自动驾驶无关的冗余信息，抽取并融合对驾驶有用的信息，进而实现自动驾驶，是环境感知的核心问题。

二、环境感知的目的

保证自动驾驶过程中良好的通过性、安全性、经济性和平顺性是环境感知的目的所在。其中，通过性指基于车辆自身行驶性能和共识规则，能实时、可靠、准确识别并规划出路径方案，保证车辆规范、安全、迅速到达目的地；而安全性指在行驶过程中，能够实时、准确识别出行驶路径周边可能对行驶安全构成威胁的物体，从而采取必要的措施以避免发生交通安全事故；经济性，即为车辆高效、经济地行驶提供参考依据；平顺性，则为车辆平顺行驶提供参考依据。

三、环境感知的对象

智能网联汽车环境感知的对象就是智能传感器检测的对象和 V2X 通信技术传递的信息，主要包括车辆的行驶路径、车辆周围的交通参与者、驾驶状态、驾驶环境和可通行空间等。

1. 行驶路径

行驶道路分为结构化道路和非结构化道路。结构化道路的行驶路径主要检测行驶车辆的两侧车道线、各种车道标线、道路边缘、道路隔离物、路况等；非结构化道路的行驶路径主要检测车辆的可行驶区域，以及车辆将要行驶方向的路面环境状况等。

2. 车辆周围的交通参与者

车辆周围的交通参与者主要包括行驶车辆周围的其他车辆、行人，地面上可能影响车辆通过和安全行驶的其他各种移动或静止物体，各种交通标志和交通信号灯等。

3. 驾驶状态

驾驶状态主要包括识别驾驶员自身状态、车辆自身行驶状态和车辆周围其他车辆行驶状态等。

4. 驾驶环境和可通行空间

驾驶环境主要包括路面状况、道路交通拥堵情况和天气状况等。可通行空间即供车辆安全行驶的空间范围，包含有或无车道标线的足够宽度空间、车辆前后方预留的最小安全距离及车辆可通行高度范围等。

智能网联汽车最主要的感知对象有车辆、行人、交通标志、交通信号灯和车道标线，其中车辆和行人既有运动状态，也有静止状态。对于运动的对象，除了要识别以外，一般还要进行跟踪。

如图 2-1 所示为城市工况下的环境感知对象，主要有静止目标、运动目标、道路标线、车道标线等。

图 2-1　环境感知对象

由此可见，环境感知的对象有静止的，如道路、静止的障碍物、交通标志和交通信号灯；也有移动的，如车辆、行人和移动的障碍物。对于移动的目标，不仅要检测，还要对其轨迹（位置）进行追踪，并根据追踪结果预测该目标下一步的轨迹（位置）。

四、环境感知传感器配置

智能网联汽车环境感知传感器主要有超声波雷达传感器、毫米波雷达传感器、激光雷达传感器、单/双/三目摄像头、环视摄像头等，如图 2-2 所示，它们在智能网联汽车上的配置与自动驾驶级别有关，通常情况下自动驾驶级别越高，配置的传感器种类及数量越多。

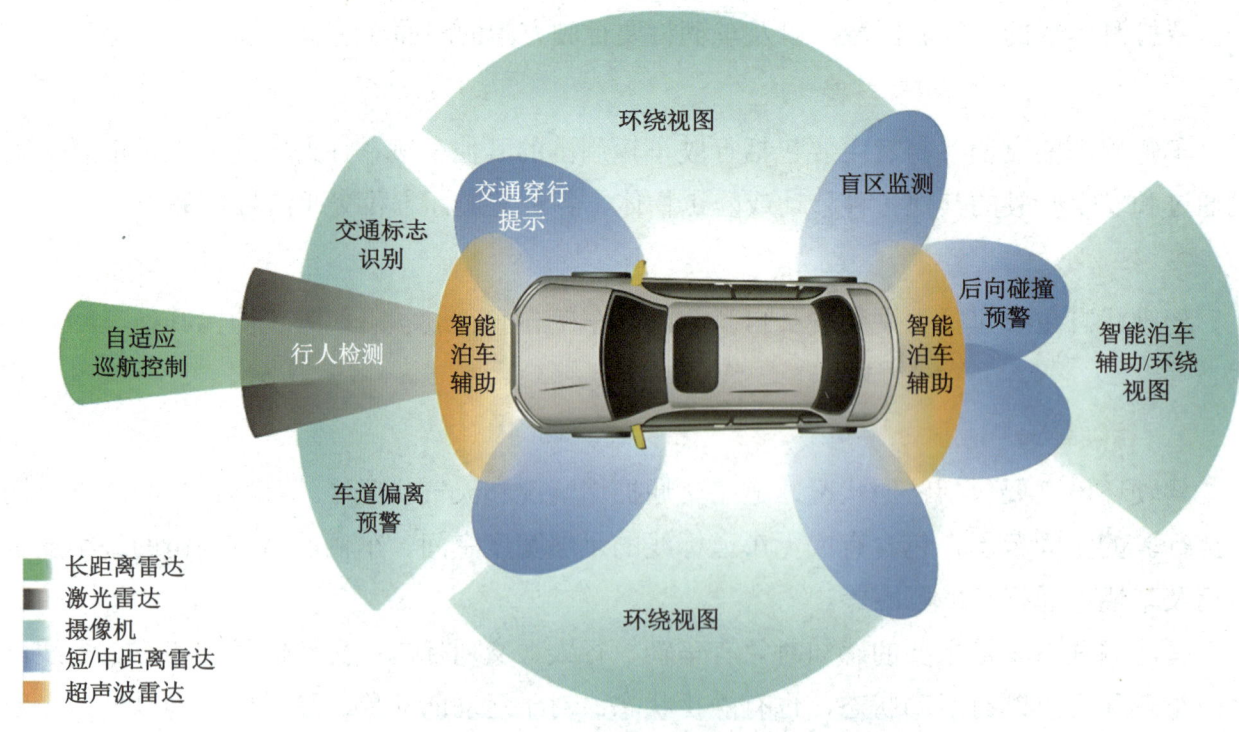

图 2-2　智能网联汽车环境感知系统各传感器的配置

典型智能网联汽车传感器基本配置见表2-1。

表2-1 典型智能网联汽车传感器基本配置

序号	传感器	安装位置	数量（个）	最小感知范围	备注
1	环视摄像头（高清）	通常安装在车辆四周高位	4	8m	1．前向和侧向毫米波雷达不能互换； 2．毫米波雷达和激光雷达互为冗余； 3．传感器供应商不同，数据存在出入
2	前视摄像头（单目或双目）	一般在前挡风玻璃后，或者车内后视镜处	1	30°/150m	
3	超声波传感器	通常安装在前、后保险杠处	12	5m	
4	侧向毫米波雷达/24GHz	侧部车身	4	110°/60m	
5	前向毫米波雷达/77GHz	前部保险杠处	1	15°/170m	
6	激光雷达	乘用车多在车辆顶部，商用车多在左右两个倒车镜处	1或2	110°/100m	

随着汽车智能化和网联化的发展，智能网联汽车配备的先进传感器的数量将会逐渐增加，未来无人驾驶汽车将会装配更多的先进传感器。

五、环境感知传感器对比

超声波雷达传感器、毫米波雷达传感器、激光雷达传感器和视觉传感器等作为主要的环境感知传感器，它们的装车选择需要综合考虑其性能特点和性价比，关于它们之间的各种比较见表2-2。

表2-2 环境感知传感器对比

传感器类型	短距离探测	探测角度	夜间环境	全天候	路标识别	主要应用	成本
视觉传感器	较强	30°、50°等不同功能不同角度	弱	弱	可识别	车道偏离预警系统、车道保持辅助系统、盲区监测系统、前向碰撞预警系统、交通标志识别系统、交通信号灯识别系统、全景泊车系统	适中
毫米波雷达	强	10°～110°	强	强	不能识别	自适应巡航控制系统、自动紧急制动系统、前向碰撞预警系统、盲区监测系统	适中
超声波雷达	弱	120°	强	弱	不能识别	泊车辅助	低
激光雷达	强	15°～360°	强	弱	不能识别	实时建立车辆周边环境的三维模型	高

六、环境感知技术未来的发展趋势

在实际行驶场景中，仅仅依赖某一种类型的传感器获得的数据往往是不可靠的，且探测范围有限，不可避免地存在时空盲区。为保证环境感知系统实时获得可靠的数据，自动驾驶汽车一般采用多种传感器同时采集数据的方式，即多传感器融合技术。

多传感器融合，即融合传感，就是将多个传感器获取的数据、信息集中在一起综合分析以便更加准确可靠地描述车辆行驶的外部环境，从而提高系统决策的正确性。多传感器融合，从原理上来看似乎很简单，但在自动驾驶场景中则是充满挑战的。它不仅需要对每一个传感器采集的信息进行快速处理，还需要让高速行驶的汽车及时反馈动作，以应对突发的交通状况。由此可见，多传感器融合，并不是单一的硬件方面的协同配合，还需要决策层的算法和算力的强大支持，二者缺一不可。

然而多种传感器获得的信息具有互补性，同时也会存在矛盾。对于互补的信息，利用多元信息融合技术对原始数据进行分析、加权和综合，实现各个传感器优势互补，增大容错率，减小视野盲区。对于矛盾的信息，由于处理器在同一个时间点对于某个动作只能给出一个决策，因此必须对原始数据进行筛选和删减。传感器融合的目的在于获得不同传感器的输入内容，并且使用组合在一起的信息来更加准确地感知周围环境。

任务实施

设备信息	设备厂家		
	设备名称		
	设备型号		
任务描述	依据下述实训流程完成各环节实训任务。		
项目	作业记录内容		备注
一、前期准备	1. 更换工装和劳保鞋； 2. 按照场地实际情况进行实训分组； 3. 发放实训工单，自备黑色签字笔； 4. 讲清实训纪律。		
二、信息收集	1. 环境感知是智能传感器或V2X通信技术获取（　）、（　）、（　）、（　）、信号灯等信息，应用于ADAS或自动驾驶系统，保障智能网联汽车能够安全、准确到达目的地。 　　A. 道路　　B. 车辆　　C. 行人　　D. 交通标识 2. 环境感知的目的是指自动驾驶过程中良好的（　）、（　）、经济性和平顺性。 　　A. 通过性　　B. 安全性　　C. 车与路　　D. 车与车 3. 环境感知的对象主要包括（　）、（　）、驾驶状态、驾驶环境和可通行空间等。 　　A. 车辆的行驶路径　　　　B. 车辆周围的交通参与者 　　C. 车与路　　　　　　　　D. 车与车		

续表

项目	作业记录内容	备注
二、信息收集	4. 驾驶状态主要包括（　　）、（　　）和车辆周围其他车辆行驶状态。 　　A．驾驶员自身状态　　　　　　B．车辆自身行驶状态 　　C．车与路　　　　　　　　　　D．车与车 5.（判断题）智能网联汽车上通常安装多个有同样性能的摄像头。（　　） 6.（判断题）通常情况下，智能网联汽车上环境感知技术中超声波雷达的数量是最多的。（　　） 7.（判断题）当车上安装有多个毫米波雷达时，用久了雷达可以互换位置。（　　） 8.（判断题）激光雷达由于工作特性，都安装在车辆顶部。（　　）	
三、模块认知	说明：描述图上车辆可能搭载的传感器配置方案。	
四、连线题	说明：将环境感知技术传感器与各自安装位置连接起来。 摄像头　　　　　　　　　　前挡风玻璃 超声波雷达　　　　　　　　车辆顶部 毫米波雷达　　　　　　　　前保险杠 激光雷达　　　　　　　　　后保险杠 　　　　　　　　　　　　　车身侧部	

续表

项目	作业记录内容	备注
五、知识拓展	通过搜集资料，列举出某一车型的环境感知系统由哪些传感器组成。	
六、现场恢复	（不需要填写）	

任务 2　车载摄像头的认知

情景引入

人们通过感官从自然界获取各种信息，其中以人的视觉获取的信息量最多，约占信息总量的 80%。随着信息技术的发展，为计算机、机器人、智能汽车或其他智能机器赋予人类视觉功能，成为科学家们的奋斗目标之一。目前，机器视觉技术已经实现了产品化、实用化，镜头、高速相机、光源、图像软件、图像采集卡、视觉处理器等相关产品功能日益完善。那么摄像头在智能汽车上究竟有什么作用呢？

资讯信息

通过视觉传感器捕捉图像，然后将图像传送至处理单元，通过数字化处理，根据像素分布和亮度颜色等信息，来进行尺寸、形状和颜色的判别，并根据判别结果控制生产设备的工作。视觉传感器的工作过程可以分为四个步骤：图像检测、图像分析、图像绘制和图像识别。视觉传感器具有从一幅图像中捕获数以千计像素的能力。视觉信息一般通过光电检测转换为电信号，通过图像信息的变化可以对物体的形状、位置等特征信息进行判定。

目前，使用比较多的视觉传感器是光接收装置及其各种摄像机，如光电二极管与光电转换器件、位置敏感探测器（PSD）、CCD 图像传感器、CMOS 图像传感器及其他的摄像元件。通过对拍摄到的图像进行处理，来计算对象物体的特征量（面积、重心、长度、位置、颜色等），并输出数据和判断结果。

要实现汽车根据视觉信息完成相应动作，就必须完成图像坐标系、工作平面坐标系、汽车坐标系三者之间的转换，将图像坐标系中的某点与工作平面坐标系中的相应点对应起来，并且最终都表示在汽车坐标系中。所以就需要进行摄像机的标定和坐标的提取，将图像坐标系和工作平面坐标系统一在汽车坐标系下。

一、车载摄像头的功能

车载摄像头，如图 2-3 所示，具有感知功能和定位功能，如图 2-4 所示。感知功能即障碍物（如行人、非机动车、机动车等）识别、车道线识别、交通标志（路牌等）识别、交通信号灯识别、可通行空间识别等；定位功能即视觉 SLAM 技术，根据提前建好的地图和实时的感知结果做匹配，获取当前车辆的位置。目前车载摄像头主要应用于车道保持、车道偏离预警、盲区监测、前向碰撞预警、行人碰撞预警、全景泊车、驾驶员疲劳预警等功能上。

图 2-3　车载摄像头

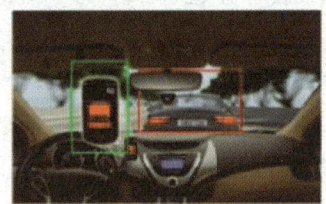

图 2-4　车载摄像头功能

二、车载摄像头的分类

1. 按安装位置分

按安装位置不同，车载摄像头可分为内视摄像头、后视摄像头、前视摄像头、侧视摄像头（如图 2-5 所示）、环视摄像头等，各种摄像头区别见表 2-3 所示。

图 2-5　侧视摄像头

表 2-3 各种摄像头的区别

类型	安装位置	分辨率	作用	应用
前视摄像头	前挡风玻璃处或车顶	800万像素	测距、物体识别、道路标线等	行人碰撞预警、车道保持辅助、交通标志识别、前向碰撞预警、车道偏离预警等
侧视摄像头	汽车两侧的后视镜下方的位置	100万～200万像素	侧方探测车辆、车道线等	盲区监测
后视摄像头	一般安装在尾箱或后挡风玻璃上	100万像素	倒车过程中,便于驾驶员对车尾后面影像的捕捉	全景泊车、泊车辅助等
环视摄像头	车辆前、后车标（或附近）、集成于左右后视镜上	100万像素	识别出停车通道标识、道路情况和周围车辆状况,使用多个摄像头的图像进行拼接,为车辆提供360°成像	泊车辅助
内视摄像头（车内DMS摄像头）	无固定位置,可安装于转向盘中、内后视镜上方、A柱或集成于仪表显示屏处等	100万像素	捕捉驾驶员面部信息,监测驾驶员是否疲劳、闭眼等	驾驶员疲劳监测系统

注：① 侧方前视摄像头：90°侧方前视摄像头能够监测到高速公路上突然并入当前车道的车辆,在进入视野受限的交叉路口时也可提供更多的安全保障。

② 侧方后视摄像头：监测车辆两侧的后方盲区,在变道和汇入高速公路时起着重要作用。

以疲劳监测与预警系统的内视摄像头为例,该系统多采用红外摄像头对驾驶员进行监测,当驾驶员出现疲劳驾驶、注意力分散、左顾右盼、吸烟、打电话、打哈欠等严重危及行车安全的行为时,系统进行提醒,避免驾驶员因不良驾驶导致发生安全事故。

2. 按摄像头数目分

按摄像头的数目可分为单目摄像头、双目摄像头、三目摄像头及环视摄像头（见表2-4所示）。

表 2-4 摄像头分类

类型	优点	缺点	备注
单目摄像头	现有很多图像算法都是基于单目摄像头开发的,相比于其他摄像头,单目摄像头算法成熟度高	视野完全取决于镜头：短焦距视野广、看得近,长焦距看得远、视角小	
双目摄像头	模拟人眼成像测距原理,测距精度高	视野完全取决于镜头；对两个镜头的安装位置和距离要求较多,对标定要求高	
三目摄像头	使用三个不同焦距的单目摄像头组合而成,每个摄像头有不同感知范围：前视窄视摄像头（250m）、前视主视摄像头（150m）及前视宽视摄像头（60m）	需要同时标定三个摄像头,工作量大；软件部分需关联三个摄像头数据,对算法要求高	

续表

类型	优点	缺点	备注
环视摄像头	又称为鱼眼镜头，一般采用四个镜头安装于车辆的前后左右，图像采集后，经过图像拼接，可实现从车顶往下看的效果	感知范围不大，主要用于车身周围5~10m内的障碍物识别、自主泊车时的车位线识别等	

（1）单目摄像头。

即单目视觉技术，安装单个摄像机进行图像信息采集。一般安装在前挡风玻璃上部，用于探测车辆前方环境，识别道路、车辆、行人等，先通过图像匹配进行目标识别（各种车型、行人等），再通过目标在图像中的大小去估算目标距离。这就需要对目标进行准确识别，并建立和维护一个庞大的样本特征数据库，保证这个数据库包含待识别目标的全部特征数据。如果缺乏待识别目标的特征数据，就无法估算目标的距离，进而导致ADAS的漏报。

单目摄像头广泛应用于智能机器人领域。其优点是成本低，能够准确识别障碍物的种类；其缺点是无法识别轮廓边界不清晰的障碍物，工作准确率依赖外部光照条件，受限于数据库，无法进行自学习，即图像精度低，数据稳定性相对较差，需要和超声波雷达、红外线传感器等其他类型的传感器协同工作。

（2）双目摄像头。

即双目视觉技术，如图2-6所示，是一种模拟人类眼睛处理环境信息的方式，通过两个摄像机从外界采集一张或多张不同视角的图像，并对这些图像的视差进行计算，对前方景物（图像所拍摄到的范围）进行距离测量，从而建立起被测物体的三维坐标，而无须判断前方出现的是什么类型的障碍物。依靠两个平行布置的摄像头产生的视差，找到同一个物体所有的点，依据精确的三角测距，从而计算出摄像头与前方障碍物的距离，实现更高的识别精度和更远的探测范围。使用这种方案，需要两个摄像头有较高的同步率和采样率，因此技术难点在于双目标定及双目定位。相比于单目摄像头，双目摄像头没有识别率的限制，无须先识别，可直接进行测量，直接利用视差计算距离，精度更高，无须维护样本数据库。但因为检测原理上的差异，相比于单目，双目摄像头在距离测算上的硬件成本和计算量级都大幅增加。

图2-6 双目摄像头

双目视觉技术大致可分为机械臂视觉控制，移动机器人视觉控制，无人机、无人船视觉控制等方向。

（3）三目摄像头。

三目摄像头除了包含单目摄像头的功能以外，还加上了一个负责远距离探测和一个负责加强短距离探测的鱼眼摄像头。如图 2-7 所示为特斯拉的三目摄像头，三目摄像头感知范围更大，视野更为广阔，但同时标定三个摄像头，工作量也比较大。

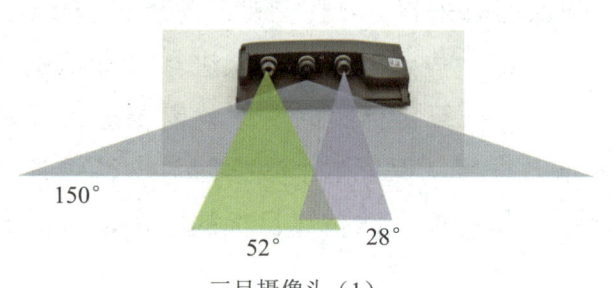
三目摄像头（1）

三目摄像头（2）

图 2-7　三目摄像头

特斯拉电动汽车的三目摄像头模块组成见表 2-5 所示，安装于前挡风玻璃后。

表 2-5　特斯拉三目摄像头组成

组成	数量	探测角度	作用	探测距离	备注
广角摄像头	1个	120°	监测车辆周围环境，大角度鱼眼镜头能够拍摄到交通信号灯、行驶路径上的障碍物和距离较近的物体，非常适用于城市街道、低速缓行的交通场景	60m 左右	宽视野
中距摄像头	1个	50°	覆盖大部分交通场景	150m 左右	主视野
远距摄像头	1个	35°	能够清晰地拍摄到远距离物体，适用于高速行驶的交通场景	250m 左右	窄视野

（4）环视摄像头。

如图 2-8 所示，商用车 360° 环视预警系统一般至少要包含四个摄像头，将汽车前后左右的多幅画面集中到一幅画面中显示，使驾驶员实现 360° 环境感知。驾驶员可在显示器中俯视整个汽车的画面，便于其快速泊车，尤其适用于城市人口集中区、泊车位紧张区。环视摄像头一般安装在车辆前、后车标（或附近），以及集成于左右后视镜上，目的是识别出停车通道标识、道路情况和周围车辆状况。商用车 360° 环视预警系统摄像头安装信息见表 2-6 所示。

由于该功能主要用于泊车，且摄像头观测的距离位置也比较近，因此对图像的精度和图像的像素要求不高，对于处理器（如图 2-9 所示）的处理能力要求也不高。目前 360° 环视摄像头都是 100 万～200 万像素。

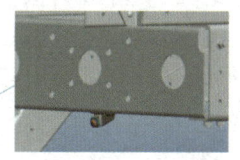

图 2-8 商用车 360° 环视预警系统

表 2-6 商用车 360° 环视预警系统摄像头安装信息

序号	布置参数	F-CAM（前方摄像头）	R-CAM（右侧摄像头）	L-CAM（左侧摄像头）	R-CAM（尾部摄像头）
1	摄像头安装高度（mm）	>700mm，具体信息需参考匹配安装情况	>1000mm，具体信息需参考匹配安装情况	>1000mm，具体信息需参考匹配安装情况	>700mm，具体信息需参考匹配安装情况
2	垂直倾角（°）	以实车数模布置为准	以实车数模布置为准	以实车数模布置为准	以实车数模布置为准
3	光轴与地面投影距离（mm）	以实车数模布置为准	以实车数模布置为准	以实车数模布置为准	以实车数模布置为准

图 2-9 摄像头处理器

环视摄像头的镜头又称鱼眼镜头，如图 2-10 所示，安装位置是朝向地面的。鱼眼镜头是一种焦距小于等于 16mm 并且视角接近或等于 180° 的镜头，是一种极端的广角镜头。为使镜头达到最大的摄影视角，这种摄影镜头的前镜片直径很短且呈抛物状向镜头前部凸出，与鱼的眼睛颇为相似，鱼眼镜头因此而得名。

图 2-10 鱼眼镜头

摄像头分为红外摄像头和普通摄像头。红外摄像头既适合于白天工作，也适合于夜间工作。普通摄像头只适合于白天工作，不适合于夜间工作。目前车辆上使用的主要是红外摄像头。

3. 按成像部件分

按成像部件可分为两种：CCD 图像传感器摄像机与 CMOS 图像传感器摄像机，两者之间的区别见表 2-7 所示。

表 2-7　CCD 与 CMOS 图像传感器的区别

类型	信号类别	成像规则	感光度	成像质量	备注
CCD	模拟信号	镜成像	0.1～3lx	采用 PN 结或二氧化硅隔离层隔离噪声，成像质量较好	lx 为法定照度单位
CMOS	数字信号	点成像	6～15lx	CMOS 光电传感器集成度高，元件之间距离近，相互之间光、电、磁干扰严重，噪声对图像质量影响大	

三、车载摄像头的关键性能

1. 微光性能

微光性能对于汽车影像系统是非常重要的，卓越的微光性能可提高在夜间等光线很暗的情况下的行车安全性。图像传感器厂商都以"在暗处能看见"为目标。

2. 高动态范围（HDR）

HDR 是汽车影像系统应用的另一个重要特性，确保摄像机可在宽范围的光线（如从室外强光至夜里星光）、黑暗和高光照对比等非常强烈的对比情况下清楚地呈现场景细节，提高图像信息的精确度从而提升安全性。

3. 广角鱼眼畸变校正（DEWARP）

广角鱼眼镜头视野宽广，但采集到的图像信息会产生一定程度的失真，采用 DEWARP 技术可对广角鱼眼镜头所产生的视频图像失真进行实时校正，将图像复原展平。

4. 图像叠加

图像叠加指通过图像传感器与图像处理辅助芯片结合使用，实现图像的延伸、缩放、右视、三联式画面及倒车动态辅助线的呈现等。图像叠加功能可以更好地辅助驾驶员看清周围环境，降低事故发生率。

设备信息	设备厂家		
	设备名称		
	设备型号		
任务描述	依据下述实训流程完成各环节实训任务。		
项目	作业记录内容		备注
一、前期准备	1．更换工装和劳保鞋； 2．按照场地实际情况进行实训分组； 3．发放实训工单，自备黑色签字笔； 4．讲清实训纪律。		
二、信息收集	1．车载摄像头的功能有（　　）、（　　）。 　　A．感知功能　　　　　　　　B．定位功能 　　C．语音交互　　　　　　　　D．自适应 2．车载摄像头主要应用于（　　）、车道偏离预警、（　　）、前向碰撞预警、行人碰撞预警、（　　）、（　　）等功能上。 　　A．车道保持　　　　　　　　B．盲区监测 　　C．全景泊车　　　　　　　　D．驾驶员疲劳监测 3．按安装位置不同，车载摄像头可分为（　　）、（　　）、（　　）、（　　）、环视摄像头等。 　　A．内视摄像头　　　　　　　B．后视摄像头 　　C．前视摄像头　　　　　　　D．侧视摄像头 4．内视摄像头无固定位置，可安装于（　　）、（　　）、（　　）或（　　）等。 　　A．转向盘中　　　　　　　　B．内后视镜上方 　　C．A柱　　　　　　　　　　D．集成于仪表显示屏处 5．（判断题）双目摄像头模拟人眼成像测距原理，测距精度提高。（　　） 6．（判断题）单目摄像头的图像精度低，但数据稳定性相对较好。（　　） 7．（判断题）当车上安装有多个摄像头时，摄像头可以互换位置。（　　） 8．（判断题）环视摄像机的镜头是鱼眼镜头，安装位置是朝向地面的。（　　）		
三、模块认知	说明：在图片中灰色图形里填写适合安装的环境感知传感器。		

续表

项目	作业记录内容	备注
四、连线题	说明：请将下列摄像头与各自安装位置连接起来。 前视摄像头 — 车内前挡风玻璃 内视摄像头 — 车辆侧部 环视摄像头 — 后视镜处 侧视摄像头 — 前保险杠 — 内后视镜处 — 前后牌照处	
五、知识拓展	通过搜集资料，列举某一车型的视觉传感器由哪些传感器组成，分别有什么特点。	
六、现场恢复	（不需要填写）	

任务 3

车载雷达的认知

情景引入

某品牌汽车销售员小张，曾创下一天连续销售出 4 台车的纪录，并保持了相当长的一段时间，分享经验时小张说道："当你告诉客户，车辆上配备的各种雷达是行车时安全的眼睛，客户自然会做出判断和选择。"

同学们，你了解车上的各种雷达吗？

资讯信息

智能网联汽车实现自动驾驶的前提是实时高精度、高可靠性的道路交通环境感知,传感器作为环境感知与控制系统的信息源、电子眼,是系统中的关键部件,也是自动驾驶技术领域研究的核心内容之一。

雷达能够主动探测周边环境,比视觉传感器受外界环境影响更小,是自动驾驶汽车的重要传感器之一。雷达通过向目标发射电磁波并接收回波的方式,获取目标物体的距离、方位、距离变化等数据。

一、车载雷达的分类

根据检测对象和工作原理的不同,车载雷达可细分为超声波雷达、毫米波雷达、激光雷达等三类,如图2-11所示。

图2-11 超声波雷达、毫米波雷达、激光雷达

二、超声波雷达的认知

1. 超声波雷达的定义

声波是声音的传播方式,衡量参数有周期、频率、振幅、速度等。其中,频率是指物质在单位时间内完成周期性变化的次数,单位是赫兹(Hz)。通常按照频率分类,将频率低于20Hz的声波称为次声波;将频率为20Hz~20kHz的声波称为可听波,即人耳能分辨的声波;将频率大于20kHz的声波称为超声波。

超声波雷达是利用超声波的特性研制而成的传感器,是在超声频率范围内将交变的电信号转换成声信号,或者将外界声场中的声信号转换为电信号的能量转换器件。

目前,常用的超声波雷达(如图2-12所示)的工作频率有40kHz、48kHz和58kHz三种。一般来说,频率越高,灵敏度越高,但水平与垂直方向的探测角度就越小,故工作中常采用40kHz的超声波雷达。超声波测距传感器可以通过模拟接口和IIC接口(如图2-13所示)两种方式将数据传输隐藏在控制单元。超声波雷达工作原理如图2-14所示。

图 2-12 超声波雷达控制器、超声波雷达

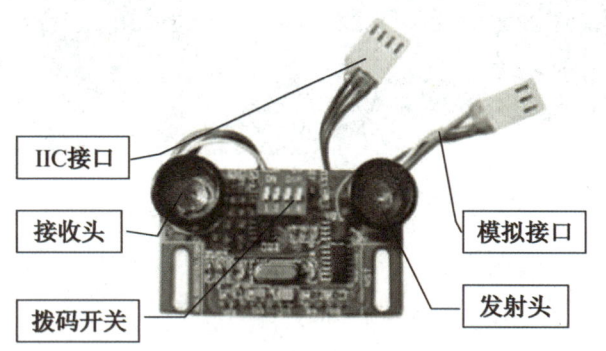

图 2-13 超声波雷达内部接线图及实物图

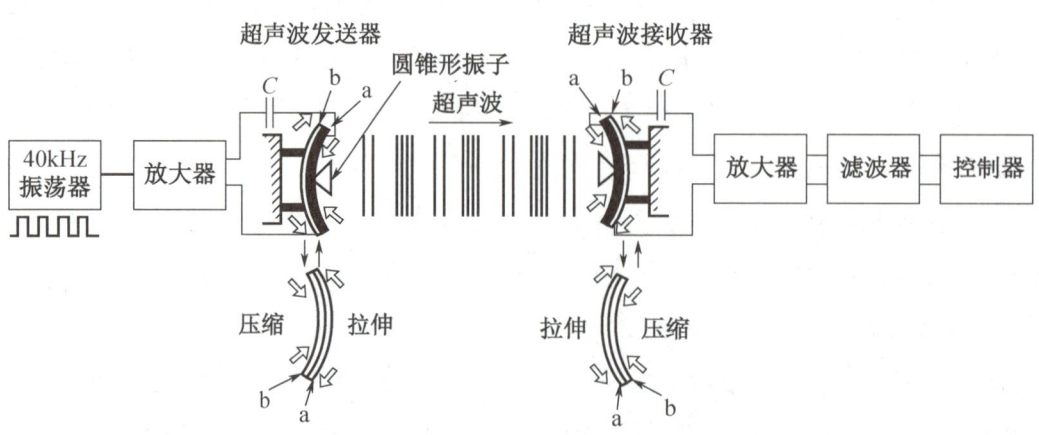

图 2-14 超声波雷达工作原理图

2. 超声波雷达的工作原理

目前超声波雷达主要采用压电式换能器（俗称探头），它是利用压电材料（如石英、钛酸钡或锆钛酸钡）制成的，此类压电材料的特性是当它受到周期性压缩时就在相对两表面出现周期性变化的电压，即压电效应，利用压电效应可以接收超声波。反之，若把周期性电压加在压电材料上，压电材料就会产生周期性伸缩的机械振动，即逆压电效应，利用逆压电效应就可以发射超声波。

超声波雷达有一个发射器和一个接收器，安装在同一面上。在有效的检测距离内，发射器发射特定频率的超声波，遇到检测面反射部分超声波；接收器接收返回的超声波，由芯片记录超声波的往返时间，并计算出距离值，如图 2-15 所示。

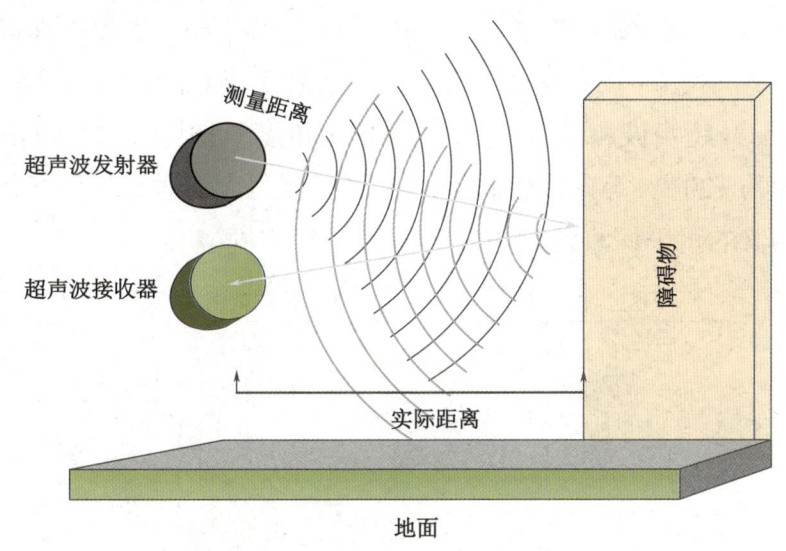

图 2-15 超声波雷达原理图

3. 超声波雷达分类

常见的超声波雷达有两种。第一种是安装在汽车前、后保险杠上的，也就是用于测量汽车前、后障碍物距离的倒车雷达，这种雷达称为 UPA（Ultrasonic Parking Assistant）。第二种是安装在汽车侧面的，用于测量车辆侧方障碍物距离的超声波雷达，通常称为 APA（Automatic Parking Assistant）。UPA 和 APA 的探测范围和探测区域都不相同，其区别见表 2-8 所示。如图 2-16 所示的汽车配备了前、后部共 8 个 UPA，左右侧共 4 个 APA。

表 2-8 UPA 和 APA 的区别

名称	安装位置	安装数量	测量距离	探测角	用途	成本
倒车雷达 UPA	汽车前、后保险杠上	通常前部 4 个，后部 4 个	通常在 15～250cm	通常为 120°	主要用于测量汽车前、后方障碍物的距离	低
超声波雷达 APA	汽车侧面	通常左侧 2 个，右侧 2 个	30～500cm	通常为 80°	检测汽车左右的障碍物，判断停车库里是否存在空车位	高

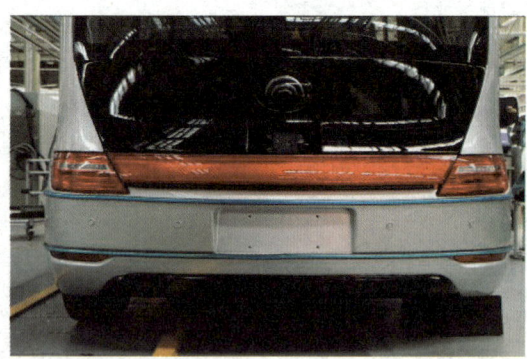

图 2-16 装有 UPA 和 APA 的汽车

4. 超声波雷达的特点

（1）超声波雷达有效探测距离一般在 5m 以内，但会有一个最小探测盲区，一般在几十毫米，如图 2-17 所示。单个探头的扫描周期一般为 50ms（自检、初始化 10～20ms，5m 探测距离需要 30ms）。超声波雷达探头的水平探测角度一般为 120°（UPA）、80°（APA）；垂直方向探测角度为 120°（等方性传感器的水平探测角度与垂直探测角度相同），或 60°、45°（异方性传感器的水平探测角度与垂直探测角度不同）。

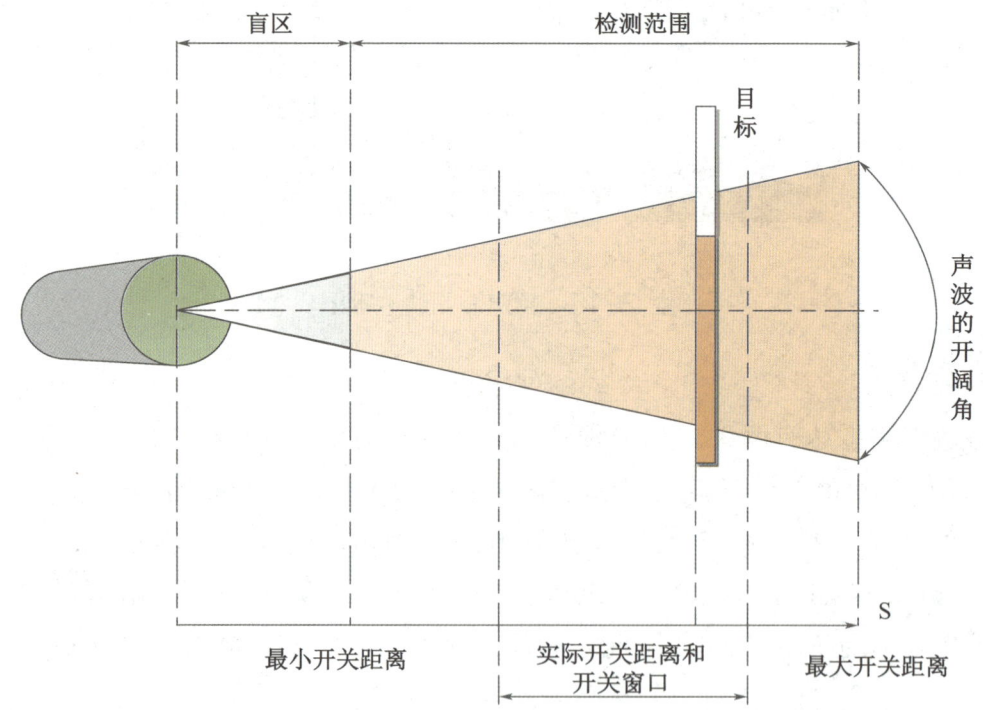

图 2-17 超声波雷达有效探测距离

（2）超声波对色彩、光照度不敏感，可用于识别透明、半透明及漫反射差的物体。

（3）超声波对外界光线和电磁场不敏感，可用于黑暗、有灰尘或烟雾、电磁干扰强、有毒等恶劣环境中。

（4）超声波雷达结构简单、体积小、成本低，信息处理简单可靠，易于小型化与集成化,并且可以进行实时控制。

5. 超声波雷达的优缺点

在实际使用中,超声波雷达有着众多的优点。超声能量消耗较为缓慢,超声波在介质中的传播距离较远,穿透性强,测距方法简单,成本低,且不受光线条件的影响,尤其在短距离测量中,超声波雷达测距有着非常大的优势。但是,由于超声波是一种机械波,因此超声波雷达有以下几种缺点。

(1) 对温度敏感。超声波雷达的声波波速受温度影响,近似关系为 $C=C_0+0.607\times T$。其中,C_0 为 0℃时的波速,为 332m/s,T 为温度(单位:℃)。由于波速受温度影响,因此测量的精度也与温度直接相关。

当超声波测距精度要求达到 1mm 时,就必须把超声波传播的环境温度考虑进去。例如,当温度为 0℃时,超声波传输速度为 332m/s,当温度为 30℃时,超声波速度是 350m/s,温度变化引起的超声波速度变化约为 18m/s。

当超声波传播速度较慢时,若汽车行驶速度较快,则使用超声波测距将无法跟上汽车车距的实时变化,误差较大。

(2) 超声波散射角大,方向性较差,无法精确描述障碍物位置。在测量较远距离的目标时,其回波信号较弱,影响测量精度。

6. 超声波雷达应用

(1) 泊车库位检测。

自动泊车需要经历两个阶段:识别库位和倒车入库。识别库位功能就是依赖安装在车辆侧方的 APA 实现的,如图 2-18 所示。

图 2-18　自动泊车功能

(2) 高速横向辅助。

特斯拉 Model S 在 Autopilot1.0 时代就实现了高速公路的巡航功能,为了增加高速巡航功能的安全性和舒适性,特斯拉将用于泊车的 APA 超声波雷达,也用在了高速巡航上。

三、毫米波雷达的认知

1. 毫米波雷达的定义

毫米波雷达，如图 2-19 所示，是指工作在毫米波频段（30GHz～300GHz）的雷达，是高阶自动驾驶汽车的标配传感器。毫米波雷达的波长为 1～10mm，最大探测距离可达 200～250m，波长介于微波和远红外波之间，故兼具二者波谱的优点，同时又有自己独特的特点。根据波的传播理论，波速（光速）=波长×频率，波速一定时，波长和频率成反比，即频率越高，波长越短，分辨率越高，穿透力越强，但传播过程中损耗也越大，传输距离也越短；反之，频率越低，波长越长，绕射能力越高，传输距离越远。毫米波雷达参数如表 2-9 所示。

图 2-19　毫米波雷达

表 2-9　毫米波雷达参数

	参数	参考值	备注
毫米波雷达	频率范围/GHz	30～81	常用为 24、60、77、79
	测距范围/m	0.5～250	有些可达 280
	测速范围（m/s）	±70	
	检测角度范围/°	18～110	
	工作温度/℃	-40～125	
	数据刷新率/ms	50	
	安装尺寸/mm	80×75×20	
	质量/g	≤200	
	功耗/W	≤3	
	接口类型	CAN	
	芯片方案	AWR1642	
	检测目标/个	32	

2. 毫米波雷达的工作原理

车载毫米波雷达通过天线向外面发射毫米波，接收目标反射信号，经处理器处理后快速准确地获取汽车周围的可通行空间信息（如汽车与其他物体之间的相对距离、相对速度、角度、运动方向等），然后根据所测物体信息进行目标追踪和识别分类，进而结合车身动态信息进行数据融合，最终通过中央处理单元进行智能处理。系统经过合理决策后，以警示声、发出闪烁光及转向盘抖动等多种方式提示或警告驾驶员,有些甚至可以直接对汽车做出主动干预,从而保证驾驶过程的安全性,降低事故发生概率。

3. 毫米波雷达的分类

(1) 根据探测距离。

根据毫米波雷达的探测距离,可将其分为短距离雷达(SRR)、中距离雷达(MRR)和长距离雷达(LRR)。其中,短距离雷达,检测距离有限,通常是60m左右,检测角度广泛,常用于检测近处的障碍物。短距离达通常安装在车辆前、后保险杠和左前、右前翼子板处即四角位置,可实现泊车辅助、前向/后向碰撞预警等功能。长距离雷达,测量距离可达200m以上,部分频率甚至可达250m,相应的其检测角度范围小,通常安装在汽车前保险杠上,正对汽车行驶方向,可实现紧急制动、高速公路跟车等功能。中距离雷达检测距离和检测角度均介于二者之间。

(2) 根据波形频率。

汽车用毫米波雷达通常工作在21.65GHz~26.65GHz和76GHz~81GHz之间,因此频段被其他频段应用占用少,在大气中衰减较弱,更适合长距离传输。目前应用广泛的是24GHz和77GHz毫米波雷达。

24GHz:由于24GHz的毫米波频段早年被普遍应用于射电天文和电信工业领域,为减少对他们的干扰,欧盟限制了24GHz汽车用毫米波雷达的发射功率,其仅被用于短距离雷达测距。

77GHz:与24GHz毫米波雷达相比,77GHz毫米波雷达的带宽更大且频段应用相对独有,天线较小,雷达体积更小。由于其探测角度范围小,因此反射波束更集中,探测距离更远。同时,77GHz毫米波雷达的工艺要求更高,检测精度也更好,其芯片设计、制造难度更高,成本更高。但由于77GHz的远距离探测优点显著,其仍被认为是未来发展的主流趋势。

(3) 按照工作方式。

毫米波雷达按照工作方式不同,即按照辐射电磁波的方式的不同,可分为脉冲式毫米波雷达(频率均匀)和调频连续毫米波雷达。

脉冲式毫米波雷达:此雷达向目标发射单一或者连续的窄脉冲信号,通过计算发射电磁波和接收电磁波之间的时间差来计算车辆本体与障碍物之间的距离。该雷达需要在极短的时间内发射大功率的信号脉冲,硬件结构复杂,生产成本高,且由于共用收发天线,故存在探测盲区。

调频连续毫米波雷达:此雷达利用多普勒效应测量得出不同目标的距离和速度。在扫频周期内通过调频发射频率变化的连续波(常见的有三角波、锯齿波、编码调制或者噪声调制等),遇到障碍物时,电磁波被反射,产生与发射信号有一定频率差的回波,由此可得出障碍物的方位、速度、距离等信息。目前大多数车载毫米波雷达采用此种方式。

4. 毫米波雷达的优缺点

由于毫米波雷达具有较多的优点，故广泛地应用于 L2、L3 级别的智能汽车及无人驾驶汽车。毫米波雷达优点如下。

（1）精度高、抗干扰性强。

毫米波雷达的检测波束范围窄，一般为毫弧度量级。

（2）全天候、全天时应用。

毫米波穿透云、雾、烟、尘、雨、雪的能力强，在极端恶劣天气下仍然能够正常工作，对光线要求不高，不受颜色、温度的影响。

（3）高分辨率。

（4）敏感度高、误报低。

（5）高频率、低功率。

（6）可测速、可测距。

（7）测距远、实时性高。

毫米波雷达缺点也很明显：检测区域呈扇形，存在盲区；无法感知行人、车道线、交通标志、信号灯等，无法对车辆周边所有障碍物进行精准建模。

5. 毫米波雷达的应用

目前短距离探测主要采用 24GHz 毫米波雷达，长距离探测使用 77GHz 毫米波雷达，鉴于探测角度和探测距离的矛盾关系，考虑到性价比，汽车上普遍采用几个毫米波雷达组合来完成自适应巡航控制（ACC）、自动紧急制动（AEB）、前向/后向碰撞预警（FCW/BCW）、变道辅助（LCA）、盲区监测（BSD）、泊车辅助（PA）等多种高级驾驶辅助系统（ADAS）的功能。毫米波雷达的应用特点见表 2-10 所示。

表 2-10 毫米波雷达的应用特点

毫米波雷达类型	短距离	中距离	长距离	备注
探测距离/m	<60	100 左右	>200（个别可达 280）	
探测角度/°	110	90	18	
工作频段/GHz	24～24.25	77	79～81	日本车大多装 60GHz 的毫米波雷达
带宽/MHz	250	800	2400	
识别精度	识别精度高（厘米级）	识别精度高（厘米级）	识别精度高（厘米级）	
雷达体积	体积较大	介于二者间	体积较小	
探测幅度	探测幅度宽	介于二者间	探测幅度窄	
功能应用	泊车辅助、前向/后向碰撞预警等	盲区监测、变道辅助等	自适应巡航控制、自动紧急制动、前向/后向碰撞预警等	

续表

毫米波雷达类型	短距离	中距离	长距离	备注
安装位置	前、后保险杠，四角位置	前保险杠或车身两侧	前保险杠	

6. 毫米波雷达的安装位置

根据功能不同，毫米波雷达一般安装在车辆的前方、后方和侧向（见表 2-11 所示）。长距离和中距离雷达通常布置在车辆前方，用于检测前方较远位置的目标；短距离雷达通常布置在车辆四角位置（又称角雷达），用于检测车辆侧前方、侧后方等范围内的目标。为满足不同距离的探测需要，同一台车上会组合多个短距离、中距离和长距离毫米波雷达，来实现不同的控制功能。如盲区监测系统通常需要 6 个毫米波雷达，车辆前方、后方分别 2 个角雷达，探测距离为 50~70m 左右，角度各为 110°，侧向各 1 个中距离雷达，角度为 90° 左右，探测距离为 100m 左右。

表 2-11 毫米波雷达的安装

类型	正向毫米波雷达	侧向毫米波雷达	备注
安装位置	一般安装在车辆中轴线，外露或隐藏在保险杠内部	与车辆四角呈对称布置	
与路面夹角	≤5°	前向雷达与车辆行驶方向成 45°，侧向雷达与车辆行驶方向成 30°	
安装高度/mm	一般是 500（满载时）~800（空载时）		指的是地面到雷达模块中心点的距离

四、激光雷达的认知

1. 激光雷达的定义

激光雷达（Laser Radar）：以发射激光束探测目标的位置、速度等特征量的雷达系统，又称光学雷达。激光雷达是一种先进的光学遥感技术，是一种工作在特殊波段——光学波段的雷达，它利用光的反射原理，根据激光从发射到反射接收的时间间隔，来测算出雷达和被测物体之间的实际距离。同时，利用三角函数，根据激光发射角度计算出被测物体的位置信息，从而实现定位，即获取被测量物的距离、方位、高度等位置信息和速度、姿态等运动状态。

激光雷达以激光为载波，使用的激光射线波长集中在 600~1000nm 之间。激光是电磁波的一种，却比传统雷达使用的电磁波波长更短，即探测精度更高——精度可达厘米级，而探测距离可达 100m 以上，可准确判定物体的位置、大小、形状、材质，甚至颜色等。因此，激光雷达是环境感知系统中的重要组成部分。

2. 激光雷达的结构、点云图

激光雷达主要由激光发生器（光源）、激光发射系统、激光接收系统、信号处理系统和控制系统等组成，如图 2-20 所示，其工作原理如图 2-21 所示。这些系统相辅相成，形成一个完整的闭环控制。其中，激光发生器发射出激光脉冲，通过发射镜向外发射激光束；光电探测器则接收透过接收镜的被目标物体反射回的激光束，将其转换成电信号；信号处理系统接收到此信号后，对其进行放大和模数转换，再通过一系列的计算，得出被测物体表面形态、物理属性等特征，从而建立起被测物体的实物模型图，俗称点云图，如图 2-22 所示。

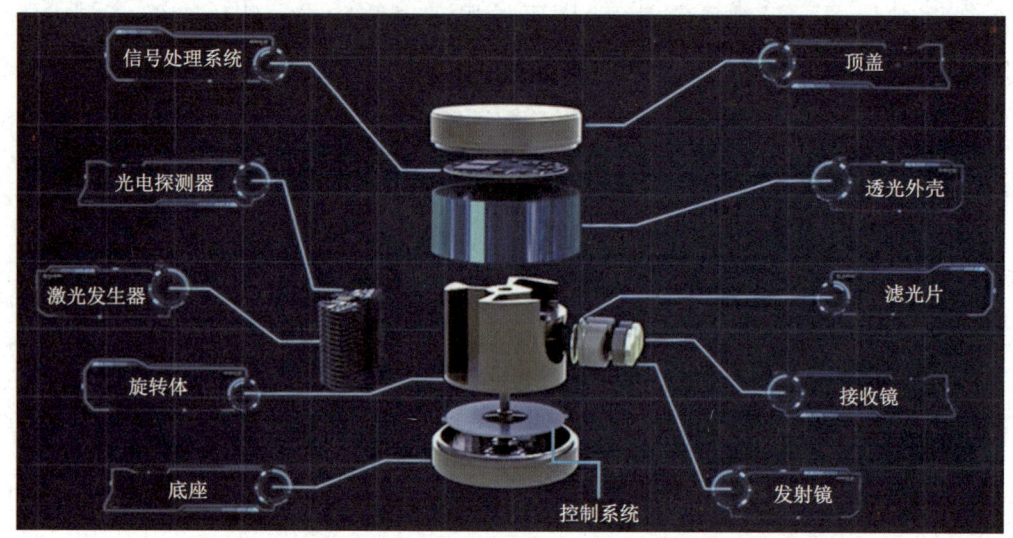

图 2-20 激光雷达的组成

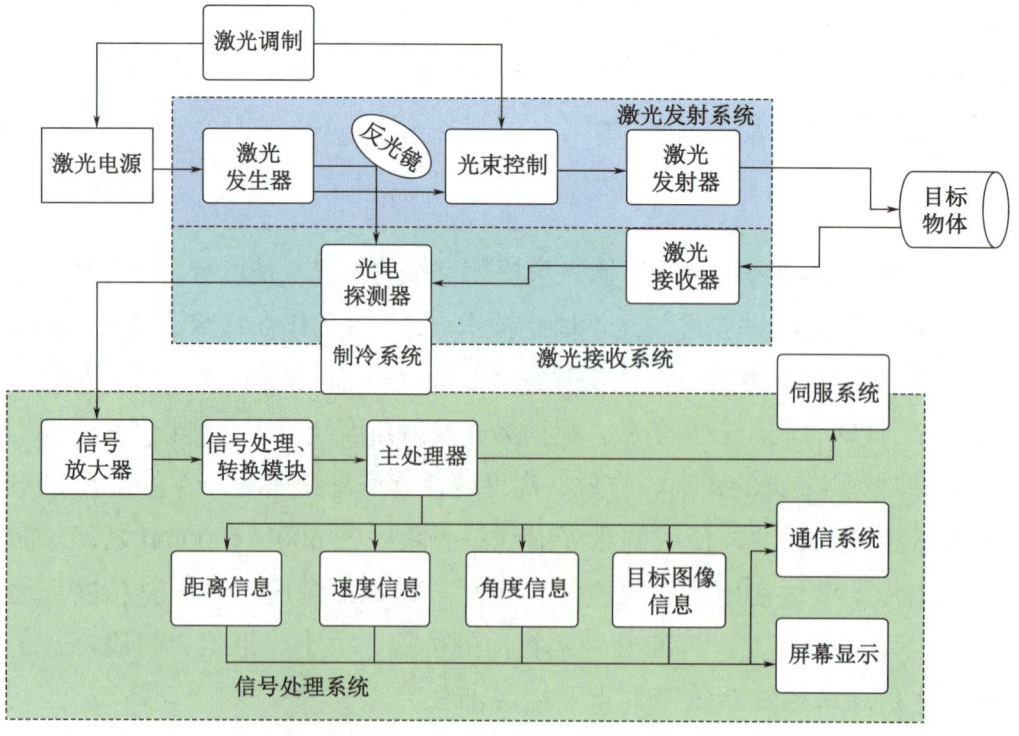

图 2-21 激光雷达工作原理图

图 2-22 激光雷达点云图

点云图是指由激光发生器发射出的激光束（即打点）组成线，再由线组成面，进而由点和线构成的被测物体的实物模型图。点云人类肉眼即可识别，而机器则需要通过点云识别算法来识别物体特征信息。通常使用点云分割算法、目标识别算法、目标跟踪算法、即时定位算法与地图构建算法等来实现计算机对点云图的感知。点云图的识别过程如图 2-23 所示，点云图的关键参数如表 2-12 所示。

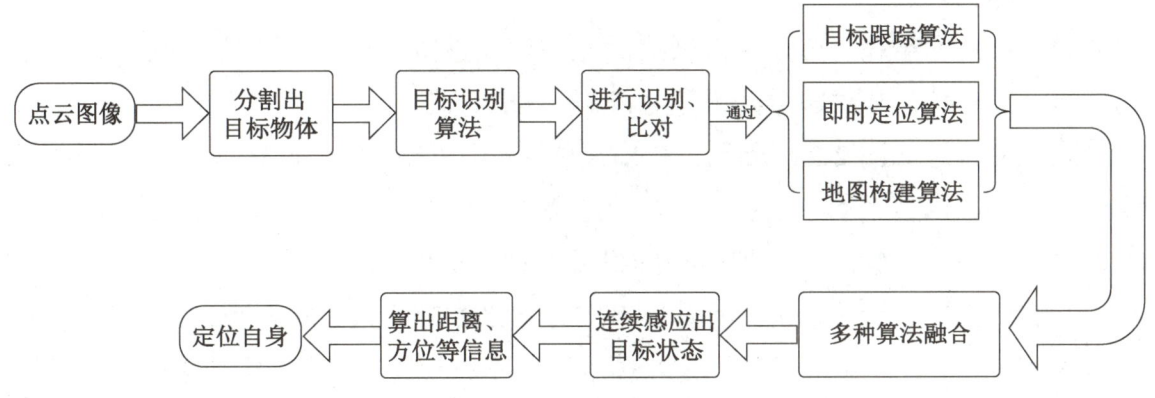

图 2-23 点云图的识别过程

表 2-12 点云图的关键参数

参数名称	定义	特点
点云视场角 FOV（单位：°）	激光雷达的检测范围，即激光雷达能看多宽、多广	通常激光雷达的横向视场角为 120°，即探测水平方向为 120°扇形覆盖面，纵向视场角为 25°
点云密度	又称角分辨率，横向角分辨率 0.1°：激光雷达每扫描 0.1°即打出一个点。角分辨率越大，数字越小，点云的密度也越高	激光点勾勒出物体轮廓的点越多，算法识别起来越容易，准确度越高
ROI 动态聚焦	即感兴趣区域，可让激光雷达主动提高角分辨率，可以是针对某物体的一小块，也可以是某个角度的一个扇形区	分为 ROI 开启和关闭模式，开启时通过加密这个区域的点云密度，就可以提高识别精度
距离	指激光雷达能识别的最远距离	激光发射器功率越高，激光能照射的距离也越远

3. 激光雷达的分类

（1）根据探测方式。

根据激光雷达的探测方式，可分为飞行时间（Time Of Flight，TOF）激光雷达和调频连续波（Frequency Modulated Continuous Wave，FMCW）激光雷达两种，目前量产的车载激光雷达基本上都是 TOF 的探测方式。

飞行时间激光雷达：当激光发射器发射一个激光脉冲时，它的发射时间和方向都会被记录下来。激光脉冲穿过空气，直到它碰到一个能反射部分能量的障碍物。一部分能量由成对的激光接收器接收，记录采集时间和接收功率。根据激光与障碍物的距离、光速、发送和接收的时间差，即可求出激光与障碍物的距离。

调频连续波激光雷达：激光发射器发射的激光束被反复调制，信号频率不断变化。激光束击中障碍物被反射，当反射光返回到激光接收器时，信息处理系统可以测量出发射光与接收光的频率差，进而可以计算出物体的位置信息。调频连续波的反射光频率会根据前方移动目标的速度而改变，结合多普勒效应，即可计算出目标的速度。

（2）根据结构。

根据激光雷达的结构，可分为机械式激光雷达（整体旋转、旋镜式、棱镜式）、混合固态激光雷达（MEMS）和固态激光雷达（Flash、OPA）。

机械式激光雷达如图 2-24 所示，在水平方向采用机械 360°旋转扫描，在垂直方向采用定向分布式扫描以搜集动态信息。混合固态激光雷达 MEMS（微机电系统）如图 2-25 所示，微振镜（转镜和振镜组合）把所有的机械部件集成到单个芯片上，利用半导体工艺进行生产，不需要机械式旋转电机，而是以电的方式来控制光束。固态激光雷达分为 OPA 固态激光雷达和 Flash 固态激光雷达，OPA 技术原理与相控阵雷达类似，它由元件阵列组成，通过控制每个元件发射光的相位和振幅来控制光束，不需要任何机械部件。Flash 固态激光雷达不同于以上三种逐点扫描的模式，它利用激光发生器同时照亮整个场景，对场景进行光覆盖，一次性实现全局成像。

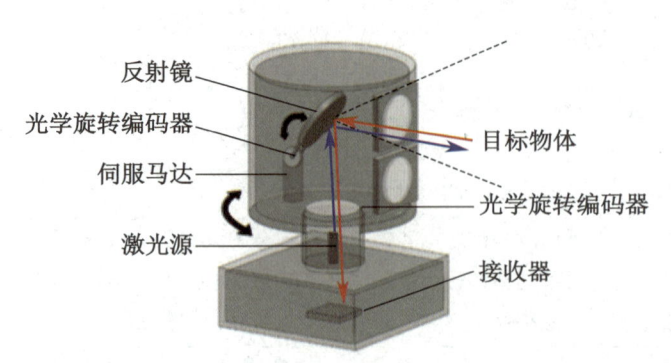
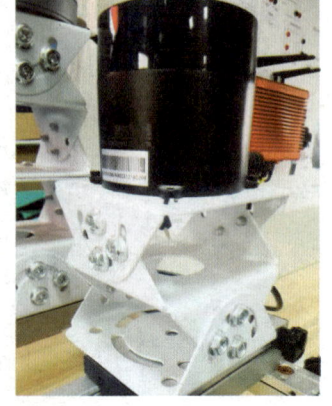

图 2-24 机械式激光雷达

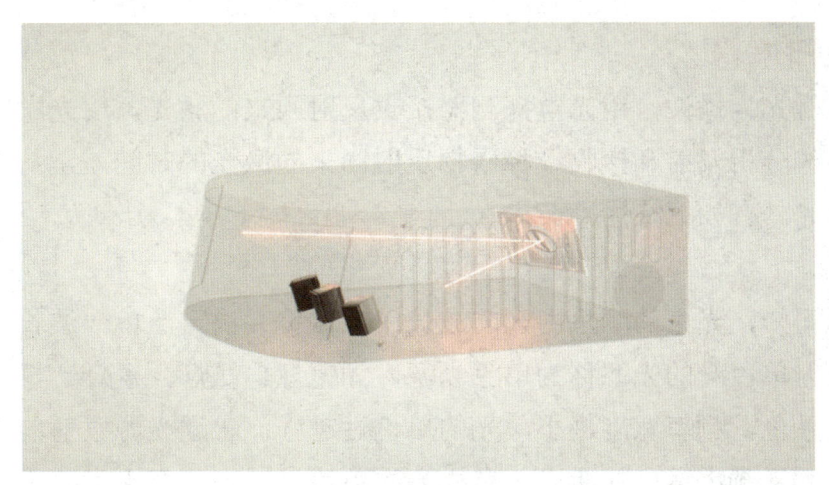

图 2-25 混合固态激光雷达

（3）根据激光波段。

激光雷达根据激光波段可分为紫外线激光雷达、可见光激光雷达、红外线激光雷达。

（4）根据激光介质。

激光雷达根据激光介质可分为气体激光雷达、固体激光雷达、半导体激光雷达和二极管激光雷达。

（5）根据激光发射波类型。

激光雷达根据激光发射波类型可分为脉冲激光雷达、连续波激光雷达和混合型激光雷达。

（6）根据发射线束。

激光雷达根据发射线束可分为单线激光雷达和多线激光雷达。

单线激光雷达，即激光雷达扫描一周只产生一条扫描线，获得的数据为二维模型，无法区分障碍物的立体信息。单线激光雷达的特点是测量速度快，数据处理量少，多应用在安全防护、地形测绘等领域。

多线激光雷达，即激光雷达扫描一周可产生多条激光线束，如 4 线、8 线、16 线、32 线、64 线、128 线等，如图 2-26 所示。

图 2-26 激光雷达的线束

4. 激光雷达的特性

激光雷达以激光为载波，用光电探测器接收反射回来的激光，用光学望远镜作为收发天线，用控制系统分析发射和接收经障碍物反射回来的激光的时间差，从而测算出障碍物的位置信息。激光具有如下特性。

（1）单色性。

由光学原理得知，光束的颜色由光的波长（或频率）决定，单一波长（或频率）的光称为单色光，发射单色光的光源称为单色光源，如氪灯、氨灯、氖灯、氢灯等。光的波长或频率决定光的颜色，频率宽度越小，光的单色性越强。普通光源发射的光波频率宽度较大，相比之下，纳米频率宽度的激光，有极高的单色性。真正意义上的单色光源是不存在的，如氪灯红光的单色性很好，但谱线宽度范围仍有 0.00001nm。波长（或频率）的变动范围称为谱线宽度。通常把光源的谱线宽度作为光束单色性的定量指标，谱线宽度越小，光源的单色性越好。氪灯的单色性较好，其发射波长为 605.8nm，而波长为 632.8nm 的氦氖激光器产生的激光谱线宽度小于 108nm，其单色性比氪灯的好 105 倍。激光具有良好的单色性，确保了光束能精确地聚焦在焦点上，即获得较高的光功率密度。因此，激光能探测很远的距离，有些激光的探测距离可达 300m。

（2）高亮度。

固体激光器的亮度是普通光源的上千倍，激光束经过透镜聚焦后，焦点附近可产生上千度甚至上万度的高温。

（3）高方向性。

一般的光源会在发射了很远后发散开变得微弱，而激光则是在发射了很远的距离后依然保持原方向，很少散开，所以又称激光为平行光。

（4）偏振性。

激光是一种偏振光。激光中光子都以相同的方向和振动模式振动，所以激光有高度的方向性和单色性。

（5）相干性。

光波由无数个光量子组成，（光量子，简称光子，是传递电磁相互作用的基本粒子），激光发射器发射的光量子在传递过程中发生共振，其波长、频率、偏振方向都一致，具有非常强的相干性。

5. 激光雷达的优缺点

鉴于激光的上述特点，激光雷达能进行远距离、高精度测距，并且分辨率高，激光雷达系统体积小、质量轻，结构相对简单，维修方便。激光一般在晴朗的天气里衰减较小，传播距离较远，但受大雨、浓烟、浓雾等恶劣气象环境影响，衰减大幅增加，传播距离严重缩短，遇到雾霾后容易发生误判。此外，大气环流使激光光束发生畸变、抖动等，直接影响其测量精度，故激光雷达无法适应全天候工作环境。

6. 激光雷达的应用

激光雷达可应用于高精度电子地图和定位、障碍物识别、可通行空间检测、障碍物轨迹预测等功能上。

（1）高精度电子地图和定位。

利用多线束激光雷达的点云信息与车载组合惯导采集的信息，进行高精度电子地图制作。无人驾驶汽车通常利用激光点云信息与高精度电子地图实现高精度定位，如图 2-27 所示。

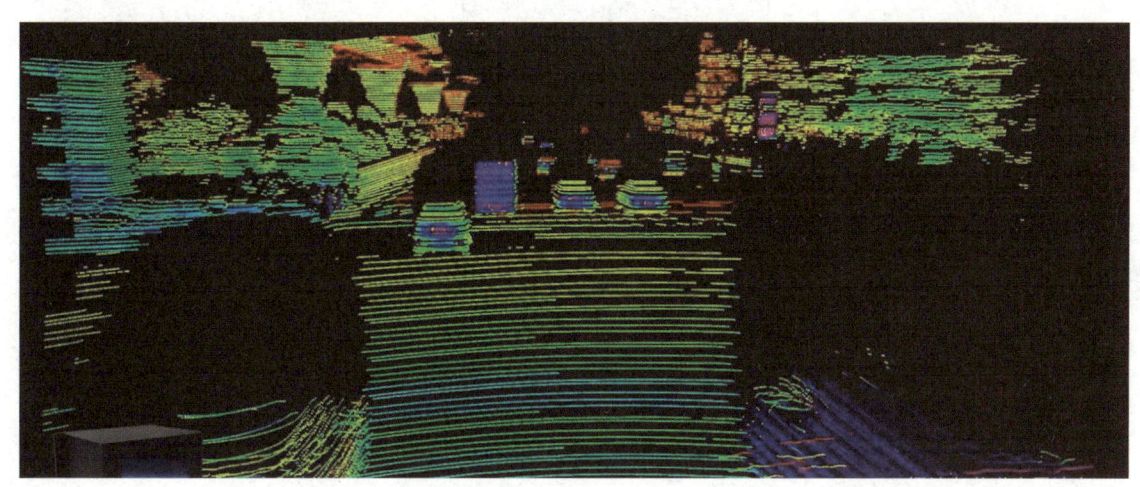

图 2-27　激光雷达点云图

（2）障碍物识别。

利用高精度电子地图限定感兴趣区域（ROI）后，根据障碍物特征和识别算法，进行障碍物的检测与识别，如图 2-28 和图 2-29 所示。

图 2-28　激光雷达障碍物识别（ROI 开启）

图 2-29　激光雷达障碍物识别

（3）可通行空间检测。

根据交叉口点云的高度及连续性信息判断点云处是否可通行，如图 2-30 所示。

图 2-30　可通行空间检测

（4）障碍物轨迹预测。

根据激光雷达的感知数据与障碍物所在车道的拓扑关系（道路连接关系）进行障碍物的轨迹预测，以此作为无人驾驶汽车规划（避障、换道、超车等）的判断依据。

7. 激光雷达的安装与标定

（1）安装注意事项。

用于固定激光雷达的安装底座建议尽可能平整，不要出现凹凸不平的现象。激光雷达安装底座如图 2-31 所示。安装底座上的定位柱应严格匹配激光雷达底部定位柱的深度，定位柱的高度不能高于 4mm。激光雷达安装的时候，如果激光雷达上、下都有接触式的安装面，须确保安装面之间的间距大于激光雷达的高度，避免挤压激光雷达。另外，激光雷达安装时，倾斜角度不建议超过 90°，倾斜角度过大会对激光雷达的寿命造成影响。激光雷达安装布线时不要将线缆拉得太紧，线缆需保持一定的松弛度。

（2）安装步骤。

首先根据雷达抗振动和冲击能力，确定是否需要减振支架。如果不需要减振支架，可以使用安装耳固定或者用雷达上面的螺钉孔固定。避障雷达要求水平朝上倾斜 5° 左右，以解决高反射物体的探测。测量雷达要求安装平面尽可能与地面平行,用于提高定位精度。如果有倾斜角度的话,雷达在不同位置探测出来的轮廓会有较大误差,最终影响定位精度。安装激光雷达时,可以选择安装在车头中间位置或者车的4个对角点。

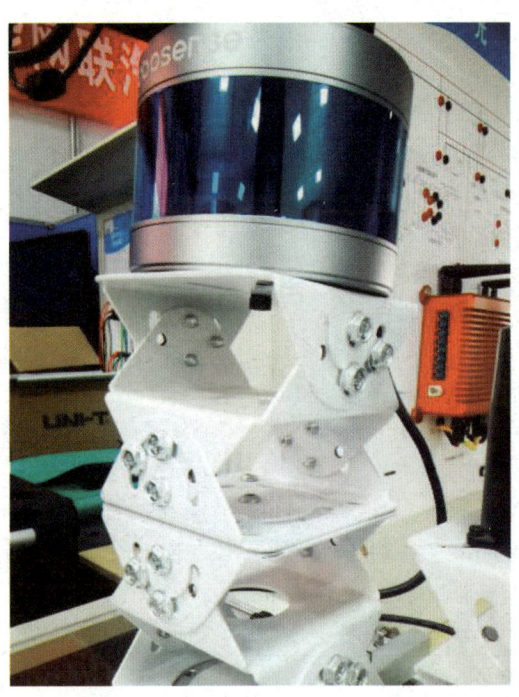

图 2-31　激光雷达安装底座

（3）位置调整。

因为测量激光雷达的水平位置对于定位精度有较大影响,所以在对精度要求较高的场合,必须进行激光雷达的水平调整。首先在激光雷达安装机构上必须预留水平微调机构,有些雷达厂家会提供可调整旋转角度的支架。

设备信息	设备厂家	
	设备名称	
	设备型号	
任务描述	依据下述实训流程完成各环节实训任务。	
项目	作业记录内容	备注
一、前期准备	1. 更换工装和劳保鞋; 2. 按照场地实际情况进行实训分组; 3. 发放实训工单,自备黑色签字笔; 4. 讲清实训纪律。	

项目	作业记录内容	备注
二、信息收集	1. 汽车用雷达有（　　）。 　　A．超声波雷达　　B．毫米波雷达　　C．激光雷达　　D．以上全是 2. 超声波的频率范围是（　　）。 　　A．<20Hz　　　　　　　　　　B．20Hz～20kHz 　　C．>20kHz　　　　　　　　　　D．以上全不是 3. 超声波雷达的特点有（　　）。 　　A．探测距离近　　　　　　　　B．对色彩及光照不敏感 　　C．对光线和磁场不敏感　　　　D．结构简单 4. 毫米波雷达的特点有（　　）等。 　　A．精度高、抗干扰性强　　　　B．全天候、全天时应用 　　C．高分辨率　　　　　　　　　D．人流、车流大时不受影响 5. 激光雷达具有高精度电子地图和定位、（　　）、（　　）、（　　）等功能。 　　A．障碍物识别　　　　　　　　B．可通行空间检测 　　C．障碍物轨迹预测　　　　　　D．车道线识别 6.（判断题）多个超声波雷达装车时可以随意安装，测距精度不变。（　　） 7.（判断题）激光雷达和毫米波雷达工作原理相似，只不过光源不同。（　　） 8.（判断题）盲区监测功能通常需要 6 个一样的毫米波雷达。（　　） 9.（判断题）由于激光雷达的高亮度特点，所以车上安装它很危险。（　　）	
三、模块认知	说明：将图片中元器件对应的名字写在方框中。 说明：如图所示为 Bosch 某型号的毫米波雷达，请查阅相关资料后简要介绍此款毫米波雷达的组成和性能特点及应用，并查询出该品牌此类型传感器最新型号的相关信息。	

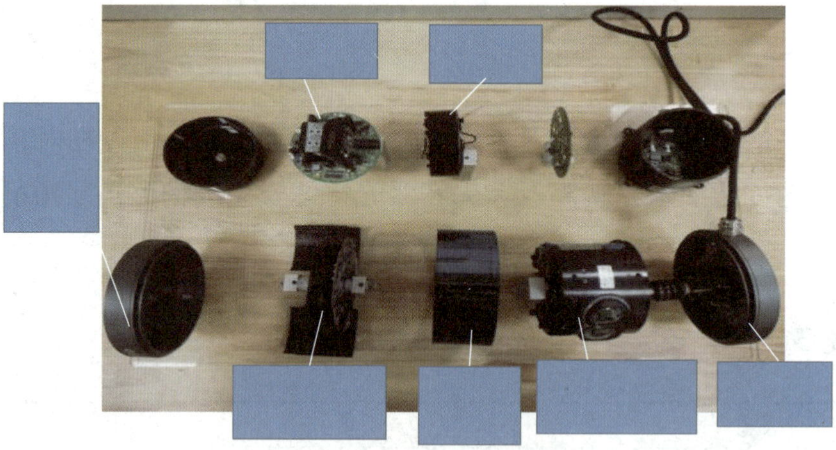

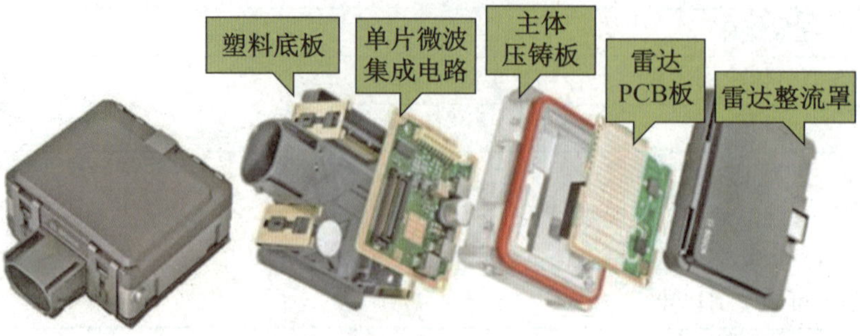

续表

项目	作业记录内容	备注
四、连线题	说明：请将下列传感器与各自安装位置连接起来。 毫米波雷达　　　　　　　　前、后保险杠处 　　　　　　　　　　　　　车辆侧部 超声波雷达　　　　　　　　后视镜处 　　　　　　　　　　　　　前保险杠 激光雷达　　　　　　　　　内视镜处 　　　　　　　　　　　　　前、后牌照处	
五、知识拓展	通过搜集资料，列举某一车型所搭载的雷达有哪些类型，分别有什么特点。	
六、现场恢复	（不需要填写）	

练习与思考题

一、判断题

1. 超声波雷达对色彩比较敏感。　　　　　　　　　　　　　　　（　　）
2. 人类能够接收到的声波频率在20Hz～20kHz范围内。　　　　（　　）
3. 单目摄像头成本比较高，能够识别具体障碍物的种类，且识别较为准确。（　　）
4. 超声波传感器没有一定的抗干扰能力。　　　　　　　　　　　（　　）
5. 视觉传感器应用广泛，在智能网联汽车中可实现前视、后视、侧视、内视、环视等。

（　　）

6. 激光雷达的线束越多测量精度越高。　　　　　　　　　　　　（　　）

二、选择题

1. 环境感知系统所配备的传感器有（　　）。

　　A．超声波雷达　　　　　　　　B．激光雷达

　　C．毫米波雷达　　　　　　　　D．单/双目摄像头

2. 根据电磁波波段，雷达可细分为（　　）等 3 类。
　　A．激光雷达　　　　　　　　　B．超声波雷达
　　C．毫米波雷达　　　　　　　　D．视觉传感器

3. 毫米波是指波长在（　　）mm 的电磁波，对应的频率范围为 30GHz～300GHz，毫米波雷达是 ADAS 的核心传感器。
　　A．1～10　　　　　　　　　　B．20～30
　　C．40～50　　　　　　　　　 D．60～100

4. 毫米波雷达的特点有（　　）。
　　A．探测距离远　　　　　　　　B．可识别车道线
　　C．可识别交通标志　　　　　　D．可识别交通信号灯

5. 超声波雷达不具备的特点有（　　）。
　　A．探测距离为 5 米以内　　　　B．对色彩、光照非常敏感
　　C．结构简单　　　　　　　　　D．成本低、体积小

6. 激光雷达的优点有（　　）。
　　A．探测距离远　　　　　　　　B．可识别车道线
　　C．不受光线影响　　　　　　　D．可识别交通信号灯

7. 超声波传感器的主要参数有（　　）等。
　　A．测量范围　　　　　　　　　B．测量精度
　　C．波束角　　　　　　　　　　D．抗干扰性能

8. 视觉传感器有（　　）等类型。
　　A．前视摄像头　　　　　　　　B．内视摄像头
　　C．环视摄像头　　　　　　　　D．侧视摄像头

三、名词解释

1. 环境感知技术：

2. 毫米波雷达测距原理：

3. 超声波雷达工作原理：

四、简答题

1．请对一款特斯拉车型的视觉传感器配置进行分析。

2．简要分析超声波雷达在智能网联汽车上的应用。

3．请对未来智能网联汽车的环境感知技术做出预测，列出可能的组合方式，并做出简要分析。

智能网联汽车导航定位技术

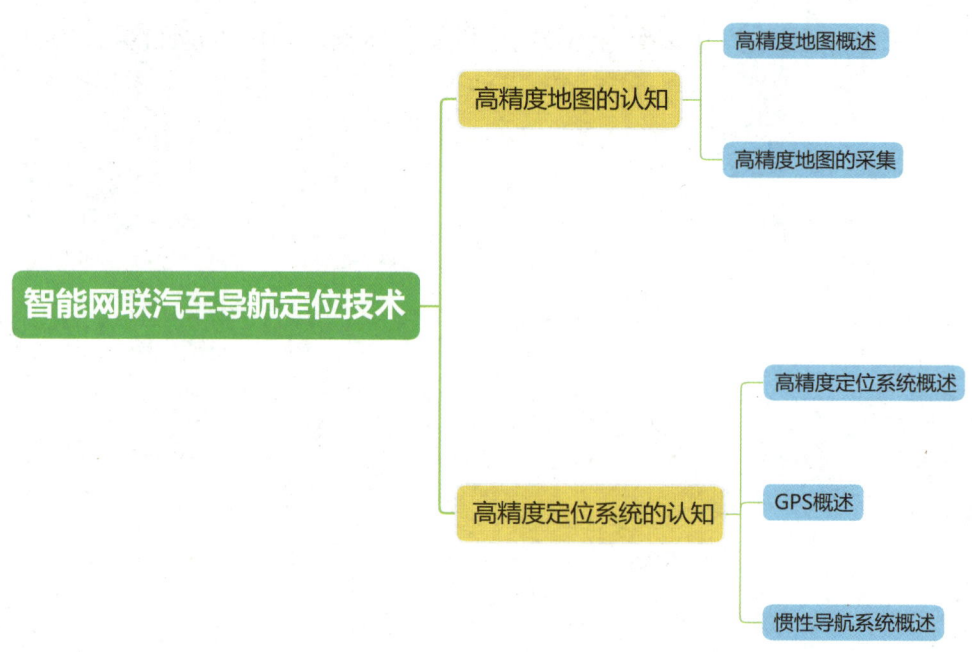

📋 知识目标

1. 能明确高精度地图包含的信息及其在智能网联汽车中的作用；
2. 能阐述 GPS/北斗导航系统的基本概念；
3. 在没有老师的指导下学生能复述惯性测量单元的基本概念。

📐 技能目标

1. 能描述地图采样的过程；
2. 能识别 GPS/北斗导航系统的零部件；
3. 能识别惯性测量单元的零部件。

智能网联汽车导航定位技术 项目三

素养目标

1. 培养学生刻苦钻研、求知好学的精神；
2. 培养学生踏实肯干、大国工匠的精神；
3. 培养学生科技自信、知识报国的精神。

任务 1　高精度地图的认知

 **情景引入**

小明同学在参观学习完本校实训室的智能网联汽车后，向任课老师提出了疑问，无人驾驶汽车使用的地图与传统地图是否一样，对地图是否有更高的要求，老师对其疑问进行了解答，并夸赞其有勇于探索、敢于钻研的学习精神。

同学们，你们知道高精度地图的定义和作用吗？

 **资讯信息**

一、高精度地图概述

1. 高精度地图定义

地图是地理信息空间的载体，它是将客观现实世界中的空间特征，以一定的数学法则符号化、抽象化，将空间特征表现为形象符号模型或图形数学模型。

高精度地图即为高分辨率地图，如图 3-1 所示，通俗来讲就是精度更高、数据维度更多的电子地图。精度更高体现在精确到厘米级别；数据维度更多体现在其包含了除道路信息外的与交通相关的周围静态信息。高精度地图有它特有的地图内容，适用于高度自动驾驶。

2. 高精度地图作用

对于自动驾驶系统，导航系统需要提供更高精度的路径，引导车辆到达目的地，需要将环境中尽可能丰富的信息提供给自动驾驶系统，作为储存静态、准静态交通信息的数据库。为了满足自动驾驶系统的导航路径规划要求，高精度地图需要提供更精细、精确的交通信息。

图 3-1　高精度地图

高精度地图在自动驾驶中可以作为自动驾驶的记忆系统，不仅可以用于导航路径规划，还可以为环境感知提供先验知识，辅助车载传感器实现高精度定位。它是 L3 级及以上自动驾驶不可缺少的关键技术。总而言之，高精度地图在辅助高精度定位、辅助环境感知、路径规划等环节都发挥着重要作用。

（1）地图匹配。

高精度地图在地图匹配上更多地依靠其先验信息。传统地图的匹配依赖于 GPS 定位，定位准确性取决于 GPS 的精度、信号强弱及定位传感器的误差，如图 3-2（a）所示。高精度地图不同于传统地图，它的使用对象是汽车，为了保证自动驾驶汽车的安全性，地图数据需要保持高精度、高维度、高动态等特点，如图 3-2（b）所示。比如维度数据有道路形状、坡度、曲率、航向、横坡角等。通过更高维度的数据结合高效率的匹配算法，高精度地图能够实现更高精度的定位与匹配。

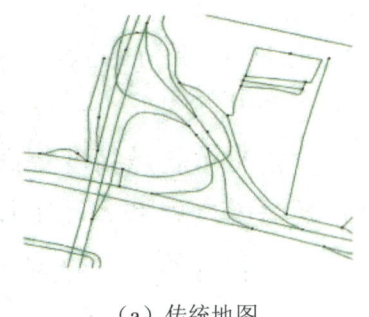　　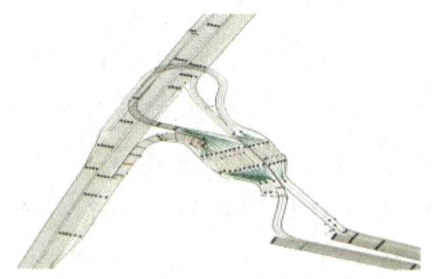

（a）传统地图　　　　　　　　　　（b）高精度地图

图 3-2

（2）辅助环境感知。

通过对高精度地图模型的提取，可以将车辆位置周边的道路、交通基础设施等对象及对象之间的关系提取出来，这可以提高车辆对周围环境的鉴别能力。

高精度地图可以看作是无人驾驶的传感器，相比传统硬件传感器，在检测静态物体方面，高精度地图具有的优势有：①所有方向都在无线网的检测范围内；②不受环境的影响；③可以检测所有静态及半静态的物体；④不占用过多的处理能力。

（3）路径规划。

高精度地图的规划能力下沉到了道路和车道级别，传统地图的路径规划功能，往往基于最短路径算法，结合路况为驾驶员给出最快捷的路径。高精度地图路径规划是为计算机服务的，由于机器无法完成联想、解读等步骤，因此给出的路径规划必须是机器能够理解的。在这种意义上，传统的特征地图难以胜任。相对来说，高精度矢量地图才能够完成这一点。矢量地图是在特征地图的基础之上，进一步抽象处理和标注抽出的路面信息、道路属性信息、道路几何信息及标识物等抽象信息的地图。它的容量要小于特征地图，并能够通过路网信息完成点到点的精确路径规划。

（4）辅助高精度定位。

高精度地图可以提供道路中特征物（如标志牌、龙门架等）的形状、尺寸、高精度位置等语义信息。车载传感器在检测到相应特征物时，就可根据检测到的特征物信息去匹配上述语义信息，由车辆与特征物间的相对位置推算出当前车辆的绝对高精度位置信息，如图 3-3 所示。

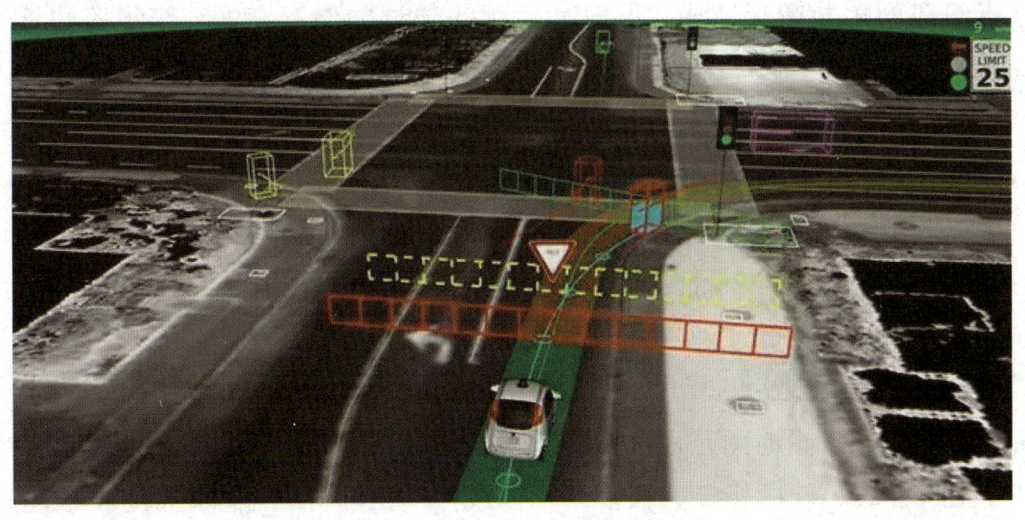

图 3-3　车辆与物体间相对位置

3. 高精度地图特点

与传统地图相比，高精度地图信息的丰富性和准确性都有显著提升，其对比内容如图 3-4 所示。传统地图是提供给驾驶人看的，高精度地图是给车机设备读取的。在传统的导航领域，导航设备主要是给驾驶员提供引导。为了更好地引导驾驶人，电子地图忽略道路细节，将道路抽象为一条线，用颜色区分道路等级，在路口处用语音和示意图引导。高精度地图主要是给自动驾驶汽车设备描述了精细的车道线信息、道路参考线和车道参考线信息，其中也包含了复杂的车道交换引导参考线。高精度地图包含的信息有以下内容和特点。

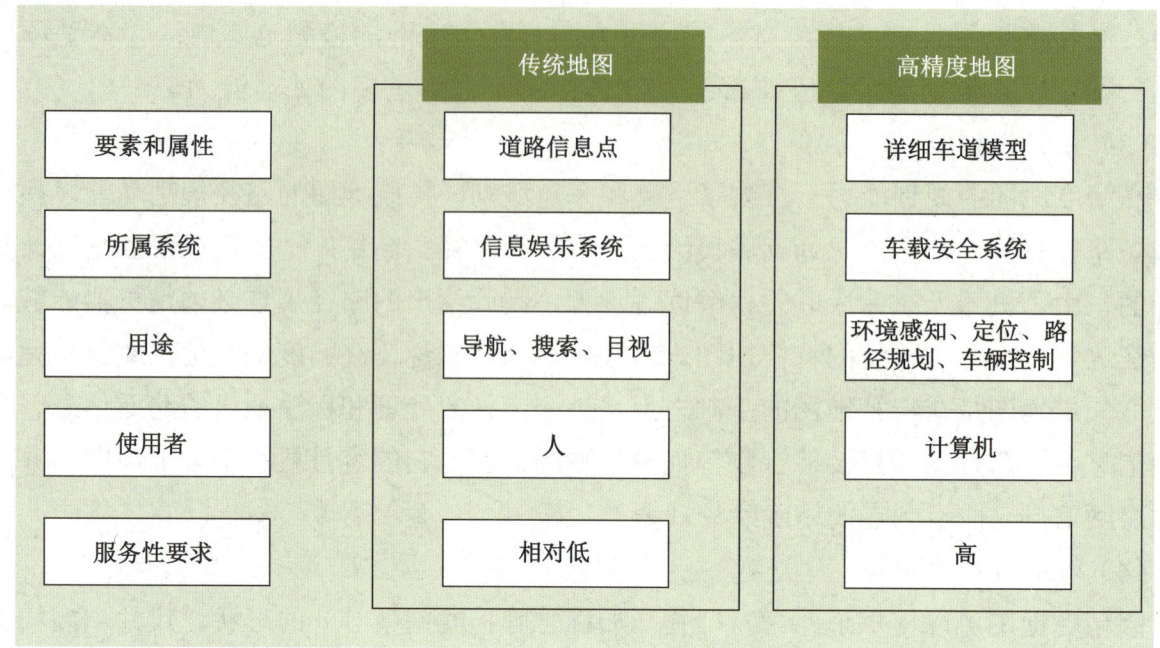

图 3-4 传统地图与高精度地图对比

（1）为了实现车道级导航路径规划功能，需要在原始地图数据中抽象化道路结构，形成由顶点组成的拓扑图形结构，同时为了优化数据的储存空间，将道路用连续的曲线来表示。

（2）除道路参考线外，高精度地图还应描述道路的连通性，比如入口中没有车道线的部分，需要将所有可能行驶路径抽象成道路参考线，在高精度地图数据库中体现。

（3）除记录道路参考线、车道边缘和停车线外，高精度地图数据库还需要记录无车道道路的拓扑结构，且除车道的几何特性外，道路模型还包括车道数、道路坡度、道路属性等。

（4）对象模型记录道路和车道行驶空间范围边界区域的元素，模型属性包括对象的位置、形状和属性值。这些地图元素包括路牙、护栏、互通式立交桥、隧道、龙门架、交通标志、可变信息标志、轮廓标志、收费站、电线杆、交通灯、墙壁、箭头、文字、符号、警告区、分流区等。

二、高精度地图的采集

高精度地图与传统地图相比，具有不同的采集原理和数据储存结构。传统地图依赖于拓扑结构和传统的数据库，将各种元素作为对象堆放在地图上，将道路储存为路径，而高精度地图为了提高储存效率和机器可读性，地图在储存时分为矢量层和对象层。

高精度地图在采集数据时，通过提取车辆上传感器采集的原始数据，获取高精度地图特征值，构成特征地图，在此基础上进一步提取、处理和标注矢量图形，包括道路网络信息、道路属性信息、道路几何信息和道路上主要标志的抽象信息等。

1. 高精度地图采集方法

（1）实地采集。

实地采集是制作高精度地图的第一步，主要通过采集车的现场采集来完成。采集的核心设备是激光雷达、高精度差分定位系统、惯性导航系统、卫星定位系统，激光雷达通过激光反射形成点云，完成对环境中各种物体的采集，并通过高精度差分定位系统记录行驶轨迹和环境中物体的高精度位置信息，如图 3-5 所示为小宇智能网联汽车标定及采集现场。

图 3-5　小宇智能网联汽车标定及采集现场

（2）加工处理。

加工处理包括人工处理、采用深度学习的感知算法等。采集的设备越精密，采集的数据越完整，越可以降低算法所需的不确定性。收集到的数据越不完整，就需要越多的算法来弥补数据缺陷，也可能会造成更大的误差。小宇智能网联汽车的惯导模块如图 3-6 所示。

图 3-6　小宇智能网联汽车的惯导模块

（3）实时更新。

实时更新主要针对道路的修改和突发路况，在这一方面有较多的处理方式，比如与政府的实时路况处理部门合作等。

2. 高精度地图采集过程

（1）道路元素图像处理。

在高精度地图中，为了给自动驾驶汽车提供道路的拓扑信息、交通约束信息，需要对道路元素进行识别，并做语义标注等以便于后期高精度地图的制作，如图3-7、图3-8所示。

图3-7　原始照片

图3-8　道路信息提取

（2）图像识别与处理。

道路元素包括道路标志牌、红绿灯、车道线和隔离带等。高精度地图的制作需要对各种道路元素进行图像识别、语义标注等处理。

常用的图像识别与处理流程如图3-9所示。

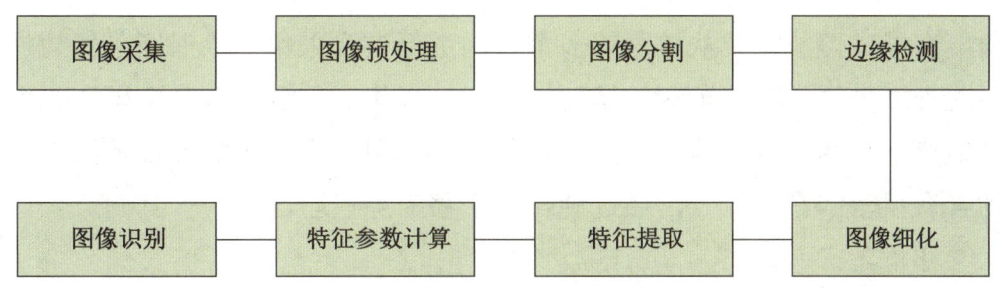

图 3-9　图像识别与处理流程图

（3）激光点云处理。

由于激光点云精度高、数据特征描述准确等特点，其处理技术被广泛地应用于自动驾驶中。在高精度地图的制作中，通常使用激光雷达扫描获取点云数据，从而重建三维道路环境，并利用重建好的三维环境进行道路要素特征的提取与识别，如图 3-10 所示，以准确表述道路环境特征，得到高精度点云地图。同时，处理后的激光点云数据能够与图像数据进行映射和融合，得到信息更加丰富的彩色激光点云地图，为人工检测与修订提供充分的数据基础。

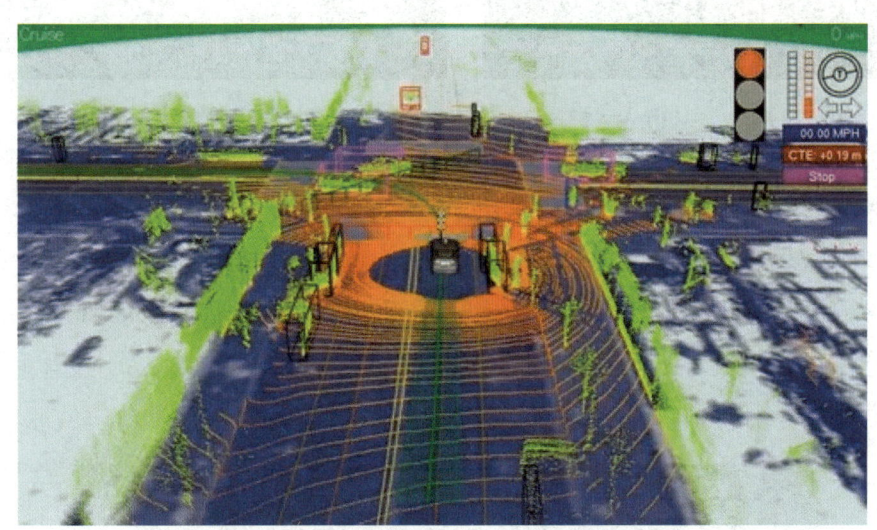

图 3-10　道路要素特征提取与识别

（4）激光点云特征提取。

激光点云对激光雷达获取的原始数据进行特征提取，同时以激光点云文件形式进行储存。点云文件包含物体表面的离散点集、法向量、颜色和标签等基本信息，但缺少物体的曲面、体积和各顶点间的几何拓扑等信息。为了描述道路环境的几何特征，需要对点集数据进行特征提取。点云特征按空间尺度分为局部特征和全局特征两种类型。

（5）激光点云配准。

高精度地图的制作需要从处理后的道路环境、激光点云中提取如标志牌、交通灯和防护栏等多种道路元素的坐标与正确的几何参数。事实上，在激光点云数据的采集过程中，由于采集角度有限，可能需要从道路的多个方向进行多次采集，以保证采集数据的可靠性和完整性。此外，由于在采集车辆的运动过程中，采集到的激光点云数据会包含误差，进而不能准确地描述道路三维环境。因此，我们需要利用激光点云配准技术，将从各个视角下采集到的含有误差的激光点云，通过旋转、平移消除误差，并统一到同一坐标系下，还原道路的三维环境。

（6）激光点云分割。

在高精度地图制作中，为了能够将交通灯、标志牌和路沿等交通道路元素，从大量杂乱无序的激光点云中识别出来，需要对激光点云进行分割和提取，如图3-11所示。

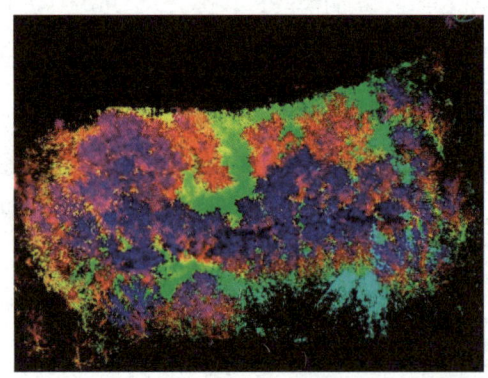

图3-11 激光点云分割前后对比图

（7）同步定位与地图构建。

同步定位与地图构建（Simultaneous Localization and Mapping，SLAM）最早应用在机器人领域。机器人从未知环境的未知地点出发，在运动过程中，通过观测到的环境特征定位、自身形状和姿态，以及自身位置构建周围环境的地图，从而达到同步定位与地图构建的目的，如图3-12所示。

图3-12 同步定位与地图构建

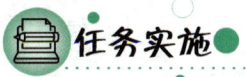

任务实施

设备信息	设备厂家		备注
	设备名称		
	设备型号		
任务描述	依据下述实训流程完成各环节实训任务。		
项目	作业记录内容		备注
一、前期准备	1. 更换工装和劳保鞋； 2. 按照场地实际情况进行实训分组； 3. 发放实训工单，自备黑色签字笔； 4. 遵守实训纪律。		
二、模块认知	说明：按照分组，采用问答形式进行，闭卷进行。 例如：模块1是什么模块？（写出模块名称） 模块1的作用是什么？（写出模块作用)		
	模块1：		
	模块2：		
	模块3：		

续表

项目	作业记录内容	备注
三、排序题	将高精度地图的采集过程按照正确顺序排序。 ① 道路元素图像处理 ② 激光点云分割 ③ 激光点云处理 ④ 激光点云特征提取 ⑤ 激光点云配准 ⑥ 图像识别与处理 ⑦ 同步定位与地图构建	
四、工作原理	简述高精度地图采集的特点及基本工作原理。	
五、基本检查		
六、现场恢复	（不需要填写）	

任务 2　高精度定位系统的认知

情景引入

小明同学在参观学习完本校实训室的智能网联汽车后，向任课老师提出了疑问，无人驾驶汽车是如何确定自己的定位的？老师对其疑问进行了解答，并夸赞其有勇于探索、敢于钻研的学习精神。

同学们，你们知道高精度定位系统的定义和作用吗？

资讯信息

一、高精度定位系统概述

1. 高精度定位系统定义

在智能网联汽车领域的高精度定位系统，是指在车辆实时运行状态中，以单一或多种混合模式连续获取车辆高精度位置信息的混合定位的体系。

由于智能网联汽车无法像人类驾驶员一样能够准确感知障碍物、可行驶区域和交通标志标线等交通环境信息，因此需要全球卫星导航系统、惯性导航系统、高精度地图等。如图3-13所示为高精度定位整体图。将智能网联汽车与周边交通环境有机结合，可以实现超视距感知，降低车载感知传感器的计算压力。

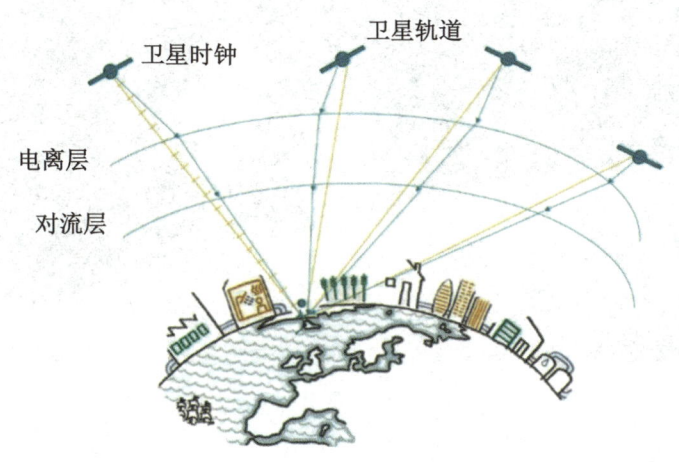

图 3-13　高精度定位整体图

2. 高精度定位系统分类

卫星定位系统是一种使用卫星对目标物进行准确定位的技术，它从最初的定位精度低，不能实时定位，难以提供及时的导航服务，发展到现如今高精度全球定位系统，实现了在任意时刻、地球上任意点都可以同时观测到4颗卫星，以便实现导航、定位、授时等功能。

（1）全局定位。

全局定位（也称绝对定位），是指通过定位系统直接获取目标在全球坐标系下的位置信息（含三维坐标、速度、方向、时间等全局信息）。单个接收机通常的定位称为单点定位或绝对定位，定位精度较差。差分定位包含两个或两个以上接收机，通过差分校正量提高定位精度。差分定位根据服务区域不同，可分为区域差分和广域差分；根据差分修正测量的不同，可分为位置差分、伪距差分和载波相位差分。要得到高精度的定位结果则需要利用载波相位差分定位提高定位精度。定位中常用到的全局定位系统和技术有全球卫星导航系统（GNSS）、实时动态载波相位差分技术（RTK）、惯性导航系统（INS）、星基增强系统（SBAS）等。

① GNSS 即全球卫星导航系统，是对北斗系统、GPS、GLONASS 等单个卫星导航定位系统的统一称呼，也可指代所有这些卫星导航定位系统及其增强系统的混合体。GNSS 是以人造卫星作为导航台的星级无线电导航系统，能为在地面或近地空间的任何地点的用户提供全天候的三维坐标和速度及时间信息。卫星示意图如图 3-14 所示。

图 3-14　卫星示意图

② RTK 即实时动态载波相位差分技术，是一种卫星导航定位技术，是实时处理两个测量站载波相位观测量的差分方法。RTK 使用仪器如图 3-15 所示。接收基准站采集的载波相位在用户接收机中进行求差及坐标解算，以前的静态、快速静态、动态测量都需要事后进行结算，才能获得厘米级的精度，而 RTK 用于提高基于卫星导航系统的定位精度，它能够实时结算移动站点在指定坐标系的精确位置，达到厘米级的定位效果。CORS 即连续运行参考站系统，已成为 GNSS 应用的发展热点之一。CORS 属于地基增强系统，是卫星定位技术、计算机网络技术、数字通信技术等高新科技多方面结合的产物。CORS 由基准站网络、数据处理中心、数据传输系统、定位导航数据播发系统和用户应用系统五个部分组成，各基准站与监控分析中心站通过数据传输系统连成一体，形成专用网络，提供国际通用格式的基准站站点坐标和 GNSS 测量数据，以满足各类不同行业用户对高精度定位、快速和实时定位导航的要求。

图 3-15　RTK 使用仪器

③ INS 即惯性导航系统，有时也简称为惯性导航或惯导，它是航位推测系统的一种，如图 3-16 所示为小宇智能网联汽车的接收机和惯导模块。惯性导航系统的工作原理是建立在牛顿经典力学的基础上的。牛顿定律告诉人们，一个物体如果没有外力作用，将保持静止或匀速直线运动；而且，物体的加速度正比于作用在物体上的外力。如果能够测量得到加速度，那么通过加速度对时间的连续数学积分就可计算得到物体的速度和位置的变化。在 GNSS 信号受到阻挡、干扰等造成接收机不能实现定位的情况下，惯性导航系统能够持续提供定位结果，弥补 GNSS 定位的不足，提高定位精度和有效性。Odometry 是由传统车辆轮式里程计发展而来的一种里程传感器，一般用来与惯性导航系统配合，对惯性导航系统的累积误差进行修正，也对定位结果进行里程核实。

图 3-16　小宇智能网联汽车接收机和惯导模块

④ SBAS 即星基增强系统，通过地球静止轨道（GEO）卫星搭载卫星导航增强信号转发器，可以向用户播发星历误差、卫星钟差、电离层延迟等多种修正信息，实现对于原有卫星导航系统定位精度的改进，扩大差分服务范围，从而成为各航天大国竞相发展的手段。

（2）局部定位。

局部定位（也称相对定位）是指在智能网联汽车运行的局部环境中，通过对周边环境中特殊物体的图像识别或特征匹配，与事先保存的地图信息进行比对获得环境物体和汽车的局部相对位置；或者通过传感器探测周边静态物体、运动目标的相对距离、相对角度及相对速度等信息，计算出汽车与动态、静态目标物之间的相对位置。局部定位最终可以还原出全局位置信息。局部定位使用到的技术有图像识别匹配、道路特征识别等。

① 图像识别匹配。图像识别匹配包括获取图像，识别图像信息，匹配和测距、定位等部分。其流程如图 3-17 所示。

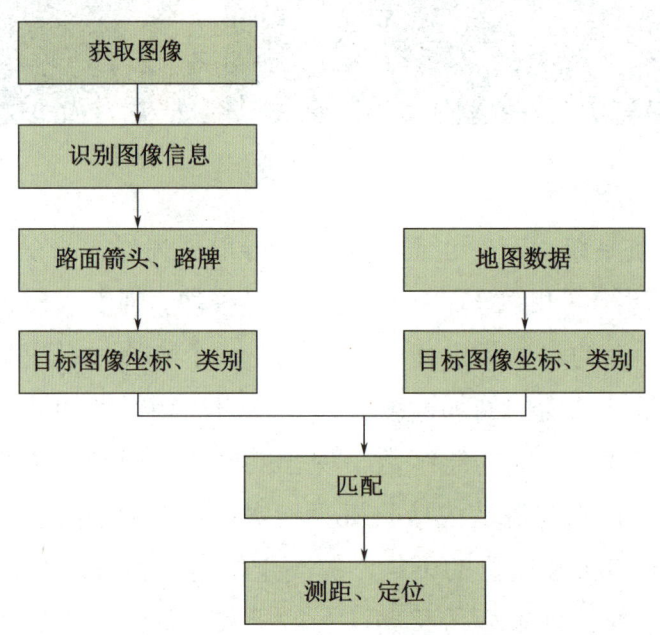

图 3-17　图像识别匹配流程图

首先，利用专业相机获取包含特定目标（路牌、路面箭头）的图片。通过深度学习来识别图片中的目标信息，如对识别到的目标进行分类并通过检测算法得到目标在图片中的位置坐标；其次，结合汽车周围的地图信息（车周边路牌、路面箭头的经纬度、目标类别和形状等），通过算法将地图信息从三维坐标系（世界坐标系）转换到二维坐标系（图像坐标系）；最后，根据目标检测获取到的坐标和转换得到的坐标及目标类别进行匹配。匹配成功后利用算法得到目标与自动驾驶汽车的横向和纵向距离，结合目标的位置反算出汽车的位置。

② 道路特征识别。道路特征识别通过视觉手段（图像、激光雷达传感器、毫米波雷达传感器等一种或多种传感器融合形式）检测路面上的车道线、路牌、建筑物等，通过一定

算法形成道路特征指纹库，回传到云中心。经过不断积累和融合，形成可供智能网联汽车在运行时调用比对的高精度特征指纹大数据库。其原理和上述图像识别匹配类似，可作为定位的辅助手段。

3. 高精度定位系统作用

与高精度地图一样，高精度定位系统对自动驾驶也尤为重要。定位技术是自动驾驶的核心。

（1）基于卫星及地面差分增强网络的高精度定位能力，仅靠卫星和差分即能实现。星基差分是指不依赖视觉、激光雷达及毫米波雷达等传统传感器，只靠卫星和差分（有可能加入民用惯导）就能实时获取车辆高精度位置的能力，且精度一般在 2~10cm，对于网联驾驶是必备的基础能力。

（2）自动驾驶中路径规划等环节都需要高精度定位系统。自动驾驶车辆在结构化道路（车道）上运行时，需要高精度定位系统（瞬时规划、决策控制）来辅助完成自动驾驶。在非结构化道路上自动驾驶一刻也离不开高精度定位系统。

（3）高精度定位系统通常融合双目视觉和惯性测量单元（IMU）来实现。双目摄像头用于高精度定位系统的优势是可以提高计算位置的准确性和可靠性，避免单目摄像头的故障。双目摄像头和单目摄像头的区别就是类似人的双眼和单眼，如果使用两只眼睛去估测前面物体的距离，肯定比单眼更为准确。小宇的双目摄像头如图 3-18 所示。高精度 IMU 可用于纯惯性导航系统，近来也用于自动驾驶的高精度导航和定位。IMU 的缺点是会累积误差，因此需要校正。通常误差越小的 IMU，所使用的惯性导航系统也越精密，价格也越昂贵。

图 3-18　小宇双目摄像头

4. 高精度定位系统应用

智能网联汽车，尤其是在 L4、L5 级的体系中，对实时动态高精度定位能力的需要是刚性的、不可或缺的，定位精度一般要求达到厘米级，实时性要求 100Hz 以上，系统可用性要求达到 99.99999% 的级别，如图 3-19 所示。高精度定位系统应用在以下几个方面。

图 3-19　高精度定位系统在自动驾驶中的应用

（1）高精度定位系统在自动驾驶路径规划中有着重要作用。自动驾驶的路径规划是继环境感知识别之后，决策和执行环节需要频繁迭代调用的核心功能；而高精度定位系统为路径规划提供了起止点的精确位置，是路径对话的必要前提。尤其是车道级的路径规划、避障规划、可行驶区域迭代、执行过程中的规划补偿等关键环节，无一不需要高精度定位能力。

（2）高精度定位系统不仅仅在环境感知和规划环节需要用到，在自动驾驶的决策控制环节同样也需要用到高精度定位系统，以适应自动驾驶汽车和环境的动态变化。

（3）自动驾驶汽车在车辆足够智能化的前提下，为了适应整个交通体系的智能化，需要同时朝网联化方向发展。V2X 是智能网联汽车不可或缺的技术。高精度定位信息是 V2X 上传输最频繁的基础信息，构成了 V2X 上运转的众多行驶信息的基础平台。

（4）在新一代的智能汽车感知决策技术中，从机器人技术中发展而来的 SLAM 将是最有前景的新技术之一。而基于多种传感器及其融合的高精度定位技术，是智能汽车 SLAM 的基石。全局实时动态的高精度定位能力是自动驾驶的必备能力，这已成为业界共识。基于 GNSS，结合地基增强系统、传感器融合技术，以达成高精度定位能力，这个模式已成为高精度定位解决方案的首选。

二、GPS 概述

1. GPS 组成

GPS 即全球定位系统，主要由三大部分组成：GPS 卫星星座（空间部分）、地面监控系统（地面部分）和 GPS 接收机（用户设备部分），如图 3-20 所示。

（1）GPS 卫星星座。

GPS 卫星星座由 24 颗卫星组成，其中包括 21 颗工作卫星和 3 颗备用卫星。这些卫星大致均匀地分布在 6 个轨道面上。轨道面相对于地球赤道面的倾角为 55°，各轨道平面之间的交角为 60°，卫星距地球约 20200km，运行周期约为 11 小时 58 分。GPS 卫星图如图 3-21 所示。在世界任何地区任何时候至少可以同时接收到 4 颗卫星发射的信号，最多可以同时接收到 11 颗卫星发射的信号。每颗卫星上均装有 4 台高精度的原子钟（2 台铯钟、2 台铷钟），用以提供高精度的时间标准。

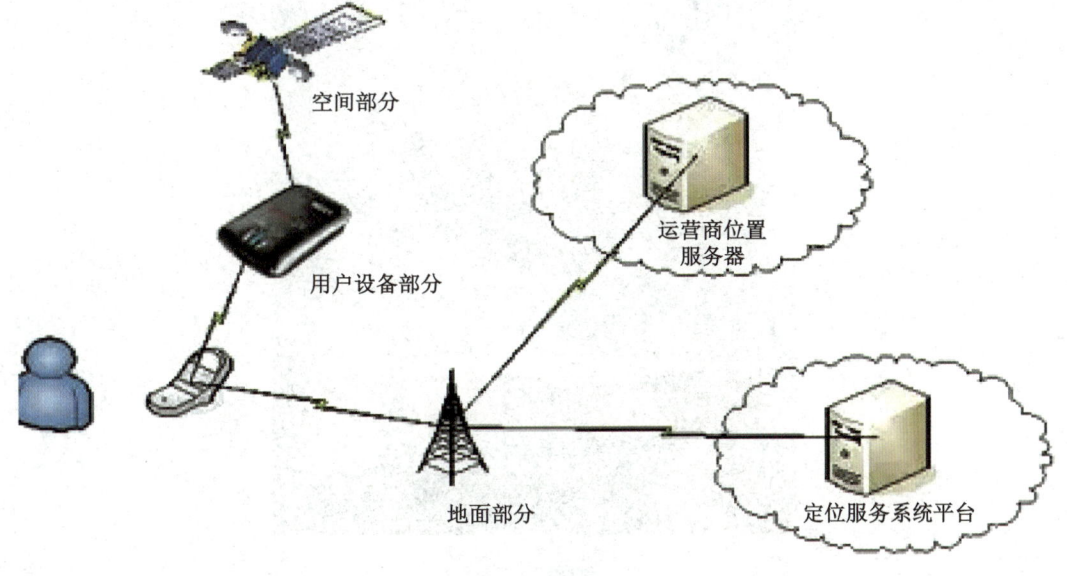

图 3-20　GPS 基本组成

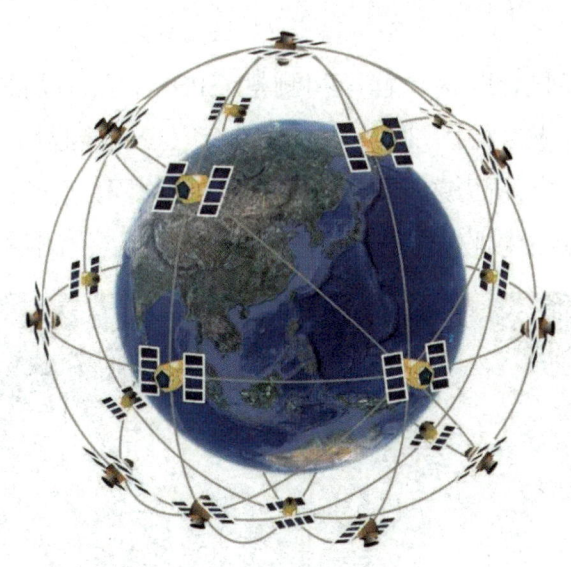

图 3-21　GPS 卫星图

GPS 卫星的主要功能是连续不断地向地球发送导航定位的 GPS 信号，以导航电文的形式向用户提供卫星星历表（其中包含卫星现时的位置及其他卫星的大概位置）、时钟校正参数、传播延迟参数及其他信息。

（2）地面监控系统。

该系统由 5 个监测站、1 个主控站和 4 个注入站组成。地面监控系统监测站如图 3-22 所示。

图 3-22　地面监控系统监测站

（3）GPS 接收机。

GPS 接收机是能够接收、跟踪、解译和测量 GPS 信号的设备，由接收主机、天线、计算机和控制显示设备等组成。如图 3-23 所示为小宇 GPS 接收机。GPS 卫星发送的导航定位信号是一种全球共享的信息资源，只要用户掌握其解码，则各类用户在任何地点、任何时刻、任何气候均可用 GPS 接收机接收信号，进行导航定位测量。

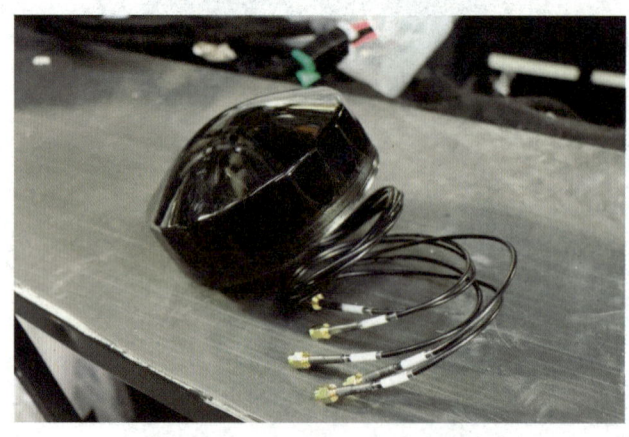

图 3-23　小宇 GPS 接收机

2. GPS 特点

（1）能够全球全天候定位。地球上任何地方、任何时间至少可以同时观测到 4 颗 GPS 卫星，确保提供全球全天候连续的导航定位服务。

（2）覆盖范围广。能够覆盖全球 98% 的范围。

（3）定位精度高。GPS 相对定位精度在 50km 以内可达 6～10m，100～500km 内可达 7～10m，1000km 可达 9～10m。

（4）观测时间短。20km 以内的相对静态定位仅需 15～20min；采取快速静态相对定位测量时，若每个流动站与基准站相距 15km 以内，流动站观测时间只需 1～2min；采取实时动态定位模式时，每站观测仅需几秒。

（5）可提供全球统一的三维地心坐标，可同时精确测定测站平面位置和大地高程。

（6）测站之间无须通视，只要求测站上空开阔。这可以减少测量工作所需的经费和时间，也使选点工作更灵活。

3. GPS 工作原理

（1）交会法。

GPS 原理简单地说就是通过导航卫星确定目标坐标，然后对比地图坐标确定目标的具体位置。GPS 定位原理是根据高速运动的卫星瞬间位置作为已知的起算数据，采用空间距离后方交会的方法确定待测点的位置。全球定位系统是一个无线电空间定位系统。它利用导航卫星和地面站为全球提供全天候、高精度、连续、实时的三维坐标（纬度、经度、海拔）、三维速度和定位信息，地球表面上任何地点均可以使用其定位和导航。

采用交会法定位的工作原理：已知 1 颗卫星的位置和接收机到它的距离，就可以确定接收机在一个球面上；已知 2 颗卫星的位置和接收机到它们的距离，就可以确定接收机在一个环上；已知 3 颗卫星的位置和接收机到它们的距离，就可以确定接收机一定位于两点之一。若排除一点，接收机的位置就可以确定。

（2）伪距测量及伪距单点定位。

伪距测量就是测定卫星到接收机的距离。每个卫星以每毫秒一次的频率播发伪随机测距码信号，将信号到达 GPS 接收机的传播时间乘以光速就能得出距离。

通过 4 颗以上 GPS 卫星的伪距，以及从卫星导航电文中获得的卫星瞬时坐标，采用距离交会法就能求出接收机的三维坐标。

（3）载波相位测量及载波相位定位。

载波相位测量是测定 GPS 卫星载波信号到接收机天线之间的相位延迟。

GPS 卫星载波上调制了测距码和导航电文，接收机接收到卫星信号后，先将载波上的测距码和导航电文去掉，重新获得载波，称为重建载波。

GPS 接收机将卫星重建载波与接收机内由振荡器产生的本振信号通过相位计比相，即可得到相位差。

三、惯性导航系统概述

1. 惯性导航系统定义

惯性导航系统（Inertial Navigation System，INS）是一种不依赖于外部信息、也不向外辐射能量的自主式导航系统，是以陀螺仪和加速度计为敏感器件的导航参数解算系统。该系统根据陀螺仪的输出建立导航坐标系，根据加速度计的输出解算出运载体在导航坐标系中的速度和位置。惯性导航系统至少包括计算机及含有加速度计、陀螺仪或其他运动传感器的平台（或模块）。目前，加速度计、陀螺仪、压力传感器和磁力仪等类型的惯性传感器已被用在高级驾驶辅助系统中。其中，加速度计用来测量运动体的加速度大小和方向，经过对时间的一次积分得到速度，速度再经过对时间的一次积分即可得到位移；陀螺仪用来测量运动体围绕各个轴向的旋转角速率值，通过四元数角度解算形成导航坐标系，使加速度计的测量值投影在该坐标系中，并可给出航向和姿态角；磁力仪用来测量磁场强度和方向，定位运动体的方向，通过地磁向量得到的误差表征量，可反馈到陀螺仪的姿态解算输出中，校准陀螺仪的漂移。

2. 惯性导航系统特点

惯性导航系统具有以下优点。

（1）不依赖于任何外部信息，也不向外部辐射能量，故隐蔽性好，也不受外界电磁干扰的影响。

（2）可全天候在全球任何地点工作。

（3）能提供位置、速度、航向和姿态角数据，导航信息连续性好而且噪声低。

（4）数据更新率高，短期精度和稳定性好。

惯性导航系统具有以下缺点。

（1）定位误差随时间而增大，长期精度差。

（2）每次使用之前需要较长的初始对准时间。

（3）设备的价格较昂贵。

（4）不能给出时间信息。

3. 惯性导航系统组成

惯性导航系统主要由 3 个模块组成：惯性测量单元、信号预处理单元和机械力学编排模块。小宇惯导模块如图 3-24 所示。

惯性测量单元（IMU）利用陀螺仪或加速度计等惯性传感器的参考方向和初始位置信息来确定载体位置。1 个惯性测量单元包括 3 个相互正交的单轴加速度计和 3 个相互正交的单轴陀螺仪。信号预处理单元对惯性测量单元的输出信号进行信号调理、误差补偿并检查输出量范围等，以确保惯性测量单元正常工作。

图 3-24　小宇惯导模块

（1）陀螺仪。

陀螺仪（如图 3-25 所示）有多种类型，根据转子主轴的进动程度可分为二自由度陀螺仪和单自由度陀螺仪。根据支撑系统可分为滚珠轴承陀螺仪、液浮/气浮和磁悬浮陀螺仪、挠性陀螺仪和静电陀螺仪。根据物理原理可分为转子陀螺仪、半球谐振陀螺仪、微机械陀螺仪、环形激光陀螺仪和光纤陀螺仪。

图 3-25　陀螺仪

陀螺仪的工作原理：转子可以在内部框架内高速旋转，内框架可以绕内框架轴相对于外框架自由转动，外框架绕外框架轴相对于支架自由转动，两个旋转的角速度称为牵连角速度。旋转轴、内框架轴和外框架轴的轴线相交于一点，称为陀螺支点，整个陀螺可以围绕支点任意旋转。

（2）6轴MEMS（微机电系统）加速度计。

其工作原理为电容的变化会被另外一块专用芯片转化成电压信号，有时这个电压信号还会被放大，6轴MEMS加速度计如图3-26所示。

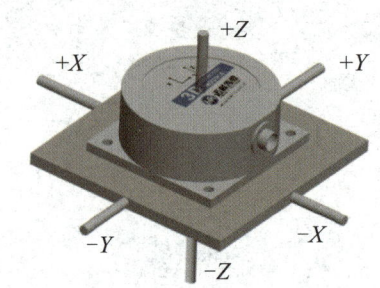

图3-26　6轴MEMS加速度计

电压信号在数字化后经过一个数字信号处理过程，在零点和灵敏度校正后输出。其具有如下特点。

① 工作原理是靠MEMS中可移动部分的惯性。

② 由于中间电容板的质量很大，而且它是一种悬臂构造，当速度变化或者加速度足够大时，它所受到的惯性力超过固定或者支撑它的力，这时候它会移动，它跟上下电容板之间的距离就会变化，上下电容就会因此变化。

③ 电容的变化与加速度成正比。

4. 惯性导航系统工作原理

惯性导航系统的基本工作原理是以牛顿力学定律为基础，通过测量载体在惯性参考系的加速度，将它对时间进行积分，且把它变换到导航坐标系中，就能够得到在导航坐标系中的速度、偏航角和位置等信息。

惯性导航系统是一种不依托于外在参考系的自主式导航系统。惯性导航系统使用陀螺仪测量物体的角速度，一方面通过四元数角度解算形成自主的导航坐标系，另一方面计算得到物体的航向和姿态角。在自主的导航坐标系中，加速度计首先测量物体的加速度，其次对该加速度一次积分和二次积分得到在该坐标系中的速度和位移。

在实际应用中，由GPS或其他外界系统给出物体当前准确的初始位置和速度，惯性导航系统可以实时从陀螺仪和加速度计中解算出速度和位移，从而不断更新物体当前位置和速度。在给定初始位置和速度的情况下，惯性导航系统的优势在于不依靠外部参照就可以实现自主导航。惯性导航系统具体的解算过程包括惯性速率和惯性位置两个层面。惯性导航系统首先通过陀螺仪和加速度计记录系统当前的角速度和线加速度，然后以起始速度作为初始条件对惯性加速度进行积分从而得到系统的惯性速率，最后惯性导航系统以给定的起始位置作为初始条件对惯性速率进行积分得到惯性位置。

与其他常见的导航系统（天文导航、卫星导航、无线电导航等）相比，惯性导航系统是唯一具有自主导航能力的系统。其特性在于既不需要向外界辐射信号，也不需要连续接收外界信号。该特性使得惯性导航系统不仅隐蔽性好，而且在复杂电磁环境和外界干扰下仍能正常工作、精确定位。

5. 惯性导航系统与 GPS 的结合

全球定位系统（GPS）应用广泛，使用方便，成本低，定位精度可达到 5m。然而，GPS 也面临着易受干扰、动态环境可靠性差、数据输出频率低、高层建筑卫星信号闭塞等问题。如果将 GPS 和惯性导航系统结合起来，两个系统可以相互补充，形成一个有机的整体，如图 3-27 所示。

图 3-27　惯性导航系统与 GPS 结合应用

设备信息	设备厂家		
	设备名称		
	设备型号		
任务描述	依据下述实训流程完成各环节实训任务。		
项目	作业记录内容		备注
一、前期准备	1. 更换工装和劳保鞋； 2. 按照场地实际情况进行实训分组； 3. 发放实训工单，自备黑色签字笔； 4. 遵守实训纪律。		
二、模块认知	说明：按照分组，采用问答形式进行，闭卷进行。 例如：模块 1 是什么模块？（写出模块名称） 模块 1 的作用是什么？（写出模块作用）		
	模块 1：		

续表

项目	作业记录内容	备注
二、模块认知	模块 2： 模块 3：	
三、连线题	将图片与名称连接起来。 双目摄像头 陀螺仪 接收机 惯导模块	

续表

项目	作业记录内容	备注
四、工作原理	简述惯性导航系统的工作原理。	
五、实物认知	请在便笺上写上惯性导航系统零部件的名称,并粘贴在实训台架相应的零部件处。	
六、现场恢复	(不需要填写)	

练习与思考题

一、选择题

1. 高精度地图的作用是（　　）。
   A．地图匹配　　　　　　　　　B．环境感知辅助
   C．路径规划　　　　　　　　　D．辅助高精度定位

2. 我国的卫星导航系统是（　　）。
   A．GNSS　　　　　　　　　　 B．北斗系统
   C．GLONASS　　　　　　　　 D．GPS

二、填空题

1. GPS 主要由三大部分组成：_____、_____和_____。

2. _____是一种卫星导航定位技术,是实时处理两个测量站载波相位观测量的差分方法。

三、简答题

简述 GPS 的工作原理。

项目四

智能网联汽车线控底盘技术

- 智能网联汽车线控底盘技术
  - 汽车线控技术概述
    - 汽车线控技术发展概况
    - 汽车线控底盘系统概述
  - 汽车线控转向技术
    - 线控转向系统的结构
    - 线控转向系统的原理
    - 线控转向系统的特点
  - 汽车线控制动技术
    - 线控制动系统的结构
    - 线控制动系统的原理
    - 线控制动系统的分类
    - 线控制动系统的特点

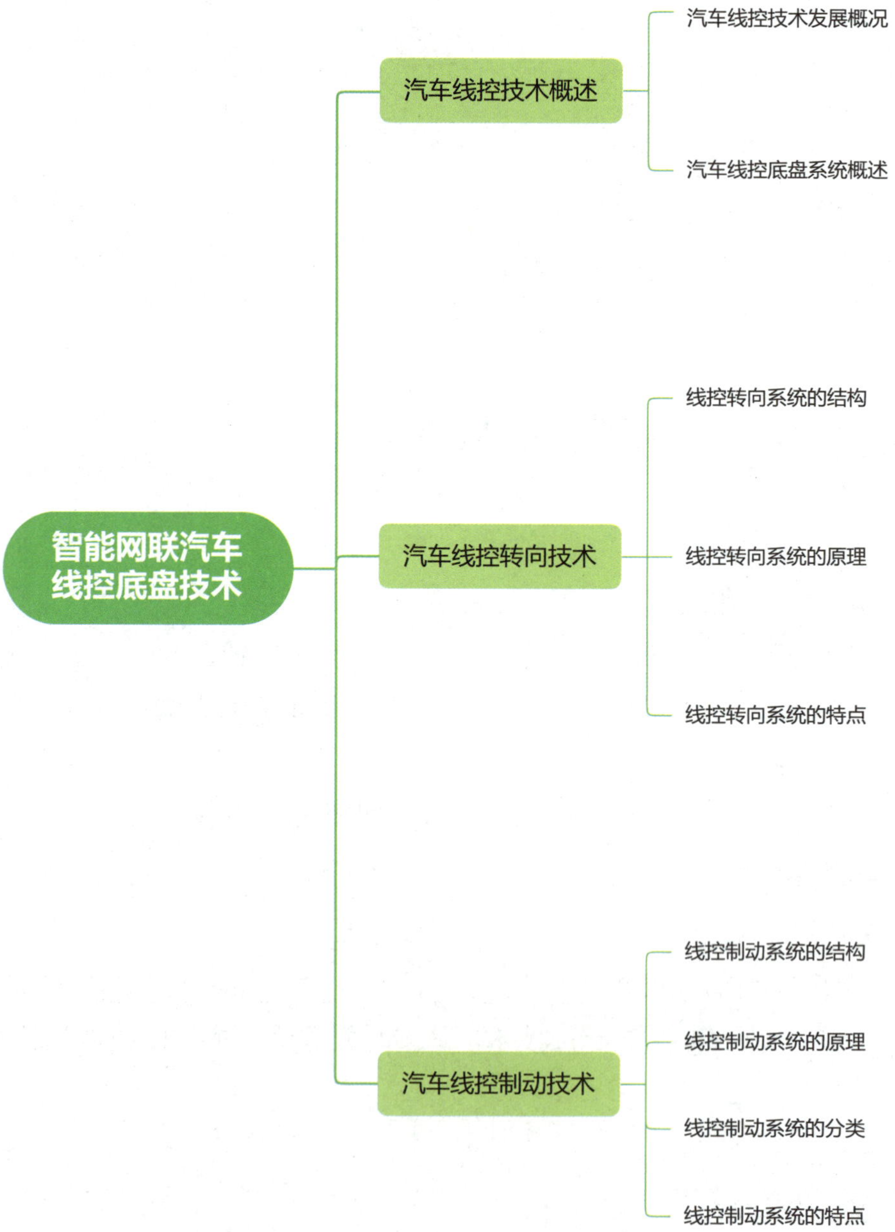

知识目标

1. 能够描述线控底盘技术的基本概念；
2. 能指认线控转向系统的部件名称及各部件的功能；
3. 能用自己的话讲述线控转向系统的工作原理；
4. 能够描述线控转向系统的特点；
5. 能指认线控制动系统的部件名称及各部件的功能；
6. 能用自己的话讲述线控制动系统的工作原理；
7. 能够描述线控制动系统的特点。

技能目标

1. 能够评价一款车线控转向技术的使用状况；
2. 能够评价一款车线控制动技术的使用状况；
3. 能够回答客户关于线控底盘结构、作用、简单的故障机理等方面的问题；
4. 能够辨别所获取线控底盘资料是否具有价值。

素养目标

1. 提升主动获取知识的能力；
2. 培养学生崇尚科学、追求科学的精神；
3. 培养良好的团队意识和沟通能力；
4. 养成善于思考、深入研究的良好学习与工作习惯。

任务 1 汽车线控技术概述

情景引入

小王是某汽车科技企业线控底盘试验中心的一名技师。某一天一个调研团队到试验中心进行调研，领导安排小王作为讲解员，为他们讲述线控底盘技术的发展情况，以及试验中心的使用情况等。如果你是小王，你将如何讲解呢？

一、汽车线控技术发展概况

1. 汽车线控技术的起源

线控技术最早应用于航空领域，早期被称为电传操纵技术。飞机在起飞、巡航、降落过程当中的航向控制、起落架控制等均运用了线控技术。其基本工作原理是通过传感器将驾驶人员的操作信息转换为电信号，然后传输给控制单元进行综合处理，形成决策后同样以电信号的形式传输给执行机构进行相应动作。线控技术也就是指从操纵机构到执行机构之间，通过电信号传输信息，同时通过电能驱动执行机构动作的技术。

随着汽车"电动化、网联化、智能化、共享化"的发展，以及驾乘人员对汽车驾驶性能、乘坐舒适性能要求的提高，电控技术在汽车中的应用范围逐渐扩大，汽车线控技术也逐渐形成。随着汽车智能化发展的深入，线控技术在智能网联汽车中的应用也越显重要。

2. 汽车线控技术的发展现状

国外线控技术发展较早。

20 世纪 50 年代，美国的天合汽车集团（TRW）就提出了要把转向盘至转向轮之间的机械连接更换为电气连接。

20 世纪 90 年代初，德国的奔驰汽车公司开始研究前轮线控转向技术，并将研究成果搭载于 F400Carving 概念车上。

20 世纪 90 年代末，德国的宝马汽车集团开发出了搭载线控转向系统、线控制动系统和线控换挡系统的 BMWZ22 概念车。

2001 年，意大利的博通汽车公司在日内瓦第 71 届国际汽车博览会上展出了采用线控驱动系统的新型概念车 FILO。

2003 年，日本的丰田汽车公司在纽约国际车展上展出了搭载线控转向系统的概念车 Lexus-HPX。2010 年，丰田汽车公司又推出了搭载线控转向系统，且完全通过操纵杆控制加速、转向、制动的 FT-EVⅡ概念车。

2013 年，英菲尼迪汽车公司推出了第一款采用线控转向系统的量产车 Q50，如图 4-1 所示。该车的线控转向系统采用了双电机、三个控制单元和转向柱离合器结合等多项冗余系统，确保了转向安全。

进入 21 世纪，国内逐渐开始研究线控底盘技术。

2004 年，同济大学开发的搭载线控转向系统的"春晖三号"电动汽车，在上海国际工业博览会上展出。

2009 年，吉林大学的汽车仿真与控制国家重点实验室，开发了搭载线控转向系统的试验车。

截至目前，我国涌现出了一批开展线控底盘产品研发的企业，如上海拿森汽车电子有限公司、上海同驭汽车科技有限公司等。也有一些传统的汽车科技公司，如芜湖伯特利、广州瑞立科密等，投身于线控产品的开发。

图 4-1　英菲尼迪 Q50

3. 汽车线控技术的发展趋势

随着汽车"电动化、网联化、智能化、共享化"的发展，线控底盘技术将越来越成熟。汽车底盘各系统将会从现阶段的助力式机械底盘逐渐转变为带冗余安全设计的线控底盘，再到全线控底盘，最后发展到无转向盘、无加速踏板、无制动踏板、无换挡杆的智能网联汽车。

二、汽车线控底盘系统概述

1. 汽车线控底盘系统的概念

汽车线控底盘系统指的是通过电信号取代其他方式（机械、液压、气压等）来连接操纵机构与执行机构，利用外来能源驱动执行机构完成驾驶需求的底盘系统。

线控底盘系统的特征有：

（1）操纵机构与执行机构之间没有机械连接，不通过机械连接驱动执行机构，不通过机械连接反馈信息；

（2）操纵机构的操纵意图通过传感器收集，通过电信号传递给执行机构；

（3）执行机构的动作驱动由外部的能源提供；

（4）操纵机构通过模拟信号完成对驾驶员的反馈。

2. 汽车线控底盘系统的构成

如图 4-2 所示，驾驶员对汽车行驶状态的控制包含 X、Y、Z 三个方向。X 方向的状态通过线控转向系统来控制；Y方向的状态通过线控驱动系统、线控制动系统控制；Z方向的状态通过线控悬架系统来控制。因此，汽车线控底盘系统包含线控转向系统、线控制动系统、线控驱动系统、线控悬架系统。其中线控驱动系统又包含线控节气门和线控换挡。

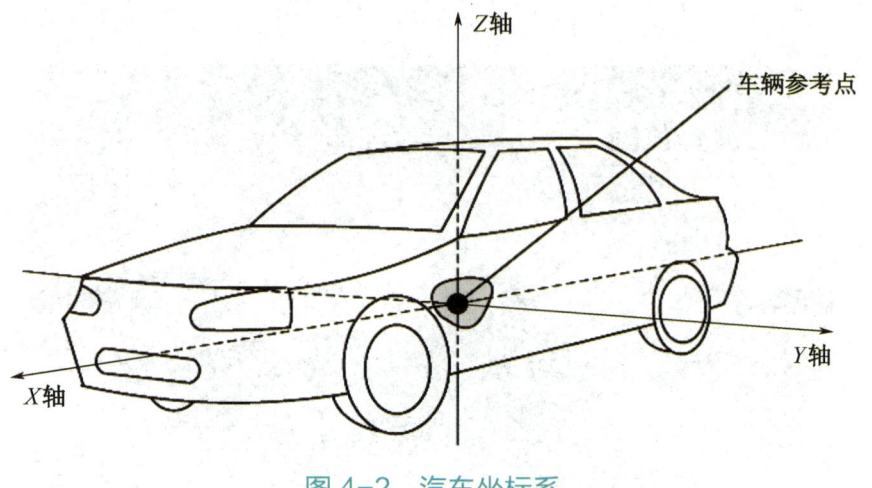

图 4-2　汽车坐标系

对于传统汽车，线控驱动系统的结构如图 4-3 所示。加速踏板通过电信号控制节气门的开度，从而控制发动机的动力输出；换挡杆通过电信号控制变速器的选挡。加速踏板通过发动机控制单元控制发动机动力输出，换挡杆通过变速器控制单元控制变速器挡位。

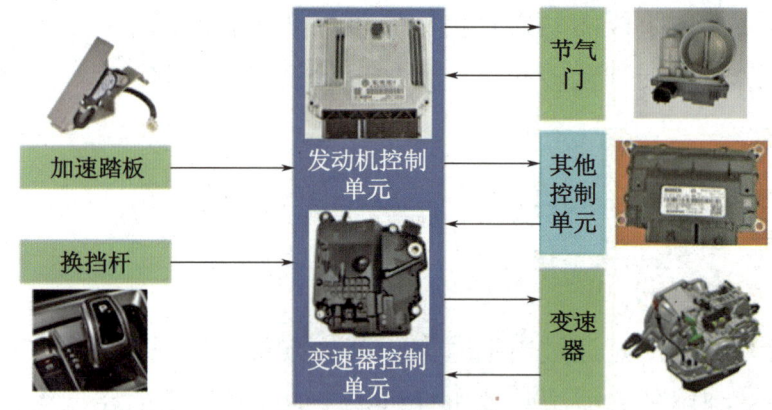

图 4-3　传统汽车线控驱动系统的结构

对于纯电动汽车，线控驱动系统的结构如图 4-4 所示。加速踏板通过电信号直接控制驱动电机的输出转矩或转速；换挡杆通过电信号直接控制驱动电机的运转方向。加速踏板和换挡杆的信号均通过电机控制单元来实现驱动控制。

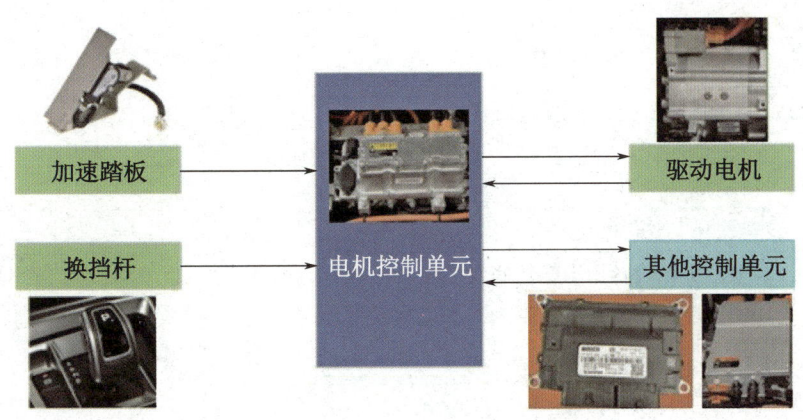

图 4-4 电动汽车线控驱动系统的结构

3. 汽车线控底盘系统的特点

随着汽车科技的进步，线控底盘是未来发展的必然趋势。线控底盘具有如下特点。

（1）简化底盘结构。

线控底盘技术的应用，能够省去操纵机构与执行机构之间的机械连接，减少空间占用，简化了底盘结构。

（2）提升控制精度。

用电信号代替机械连接，通过信号的处理与解析，能够感知驾驶员极其细微的操作变化，实现精细控制，减小机械磨损带来的控制误差。

（3）降低布置难度。

操纵机构与执行机构之间没有机械连接，降低零部件的布置难度，提升车辆功能开发潜能。

（4）提高控制灵活度。

相对于机械连接，同一电信号可以进行多种解析，以满足不同的驾驶员或驾驶工况要求。无机械连接，可以较容易地实现车身与底盘的分离。

（5）软件设计压力大。

线控底盘系统的应用导致车辆上使用的控制单元增加，所需的控制程序增加，程序的复杂程度也随之增加。

（6）对电源依赖性大。

线控底盘系统的应用使车辆电气设备增加，对电源的需求量增大，一旦车辆电源出现故障，可能会出现转向失灵、制动失灵等致命性的问题。

（7）电磁干扰大。

线控底盘系统增加的大量线路会增加电磁干扰，影响信号传输。

设备信息	设备厂家		
	设备名称		
	设备型号		
任务描述	1. 根据实训设备指出线控底盘系统各组成部分的名称； 2. 描述线控底盘系统的基本工作原理，并填写相应部分工单。		
项目	作业记录内容		备注
一、前期准备	1. 更换工装和劳保鞋； 2. 按照场地实际情况进行实训分组； 3. 发放实训工单、记号笔、便笺，自备黑色签字笔； 4. 讲清实训纪律。		
二、线控技术发展认知	1. 参考教材讲述的线控底盘技术发展过程的事件，选择其中 1 个，运用各种方法搜集和扩充事件内容，并简述出来。 2. 你还知道哪些关于线控底盘技术的研究和应用的事件？请简述出来。		
三、模块认知	说明：将下述零部件池中的零部件名称写在便笺上，并将便笺贴在实训设备中的对应零部件上。 零部件池： 加速踏板、驱动电机、发动机、节气门、变速器控制器、发动机控制器、变速器、换挡杆、节气门位置传感器、进气温度传感器、进气流量传感器、旋转变压器、驱动电机温度传感器 1. 列出上述零部件池中属于传统汽车线控驱动系统的零部件。		

续表

项目	作业记录内容	备注
三、模块认知	2. 列出上述零部件池中属于纯电动汽车线控驱动系统的零部件。	
四、坐标认知	画出车辆坐标简图。	
五、理解叙述	简述线控底盘系统的特点。	
六、实物认知	请在便笺上写上线控底盘系统零部件的名称,并粘贴在实训台架相应的零部件处。	
七、知识拓展	通过搜集资料,汇总并汇报有关线控悬架系统的知识,如线控悬架系统的组成、基本工作原理、功能等。	
八、现场恢复	(不需要填写)	

任务 2　汽车线控转向技术

情景引入

小明从职业院校毕业后进入一家4S店工作，成为一名销售顾问。一天店里来了一位顾客，小明在与顾客的交谈中得知顾客用车频繁，经常走高速往返两地，因此想购买一台具有辅助驾驶功能的汽车，以缓解疲劳。小明给顾客推荐了一款具有车道保持辅助系统的车型，并详细介绍了车道保持辅助功能的实现方式。顾客对小明专业的知识水平、谦恭的敬业精神很是赞赏，决定当即下单，购买一台。同学们，你们知道车道保持辅助功能主要通过哪些部件实现吗？

资讯信息

一、线控转向系统的结构

线控转向（SBW）系统是将转向盘到转向执行器之间的机械传动装置去除，改由电信号传输驾驶员的驾驶意图，并进行路面信息反馈的转向系统。线控转向系统能够摆脱传统转向系统的各种限制，更方便地与自动驾驶其他子系统实现集成，极大推进汽车的集成化、轻量化、网联化和智能化。线控转向系统主要由转向盘模块、前轮转向模块、主控制器、自动防故障系统和电源组成。

1. 转向盘模块

线控转向系统的转向盘模块结构示意图如图4-5所示。转向盘模块包括转向盘组件、传感器组（转向盘转角传感器、转向盘力矩传感器等）、转向盘回正力矩电机等。其主要功能是接收驾驶员的驾驶意图，将驾驶员的转向意图（通过测量转向盘转角）转换成数字信号并传递给主控制器，同时接收主控制器发送的转向盘回正力矩控制信号，产生转向盘回正力矩，最后通过转向盘反馈给驾驶员，使驾驶员获得相应的转向轮角度信息和路感信息。

2. 前轮转向模块

线控转向系统的前轮转向模块结构示意图如图4-6所示。前轮转向模块包括角度传感器、扭矩传感器、转向执行电机、转向节臂和转向轮等。其功能是接收主控制器的命令，按照控制单元的要求控制前轮转角，实现驾驶员的转向意图，并将测得的前轮转角信号反馈给主控制器。

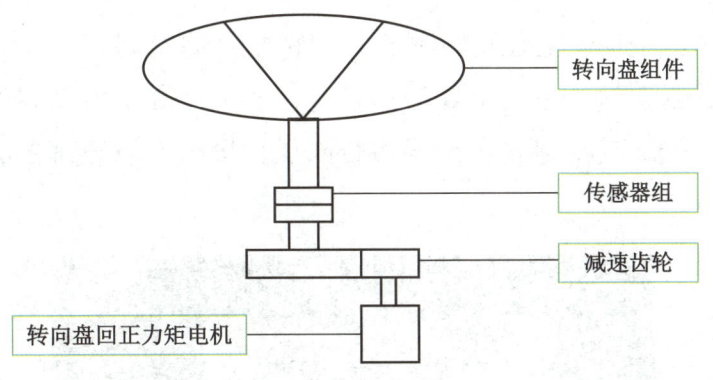

图 4-5 线控转向系统转向盘模块结构示意图

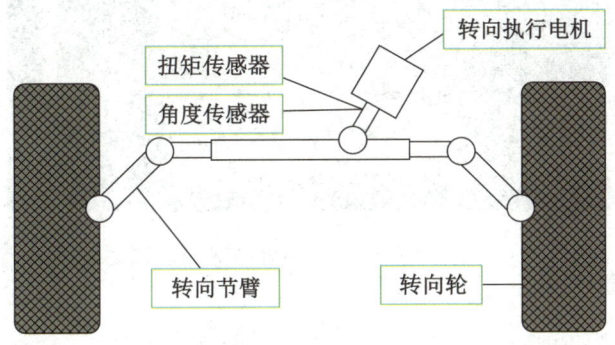

图 4-6 线控转向系统前轮转向模块结构示意图

图 4-7 所示为小宇智能网联汽车的前轮转向模块。该转向模块包含两个转向执行电机，转向执行电机经过主减速器的减速和换向将动力传递给转向摇臂，转向摇臂带动转向横拉杆，转向横拉杆带动转向节臂，从而使转向轮转向。

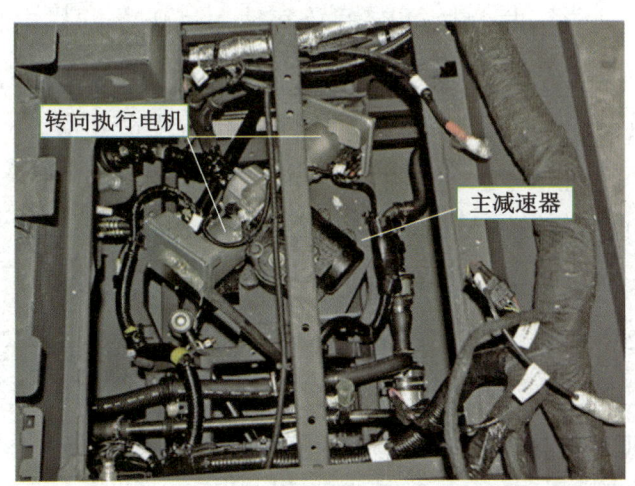

图 4-7 小宇智能网联汽车前轮转向模块

3. 主控制器

小宇智能网联汽车线控转向系统的主控制器模块如图 4-8 所示。主控制器对采集的信号进行分析处理，判断汽车的运动状态，向转向盘回正力矩电机和转向电机发送命令，控制两类电机协调工作。主控制器还可以对驾驶员的操作指令进行识别，判断在当前状态下驾驶员的转向操作是否合理。当汽车处于非稳定状态或驾驶员发出错误指令时，线控转向系统将自动进行稳定控制或将驾驶员错误地转向操作屏蔽，以合理的方式自动驾驶车辆，使汽车尽快恢复到稳定状态。

图 4-8　线控转向系统主控制器模块

4. 自动防故障系统

自动防故障系统是线控转向系统的重要模块，它包括一系列的监控和实施算法，针对不同的故障形式和故障等级做出相应的处理，以求最大限度地保持汽车的正常行驶。线控转向技术采用严密的故障检测和处理逻辑，最大程度地提高汽车安全性能。

5. 电源

电源系统承担着控制器、两个执行电机及其他车用电器的供电任务，其中仅转向执行电机的最大功率就有 500～800W，加上汽车上的其他电子设备，电源的负担已经相当沉重。所以要保证电网在大负荷下稳定工作，电源的性能显得十分重要。

随着电子元件及其高功耗零部件的不断增加，若继续维持 12V 供电系统，就必须通过提高电流来获得更多的功率。但是，过高的电流将给整个系统带来安全隐患，汽车电路上的热能消耗大大增加，所以汽车供电系统必须提高电压以满足现代汽车电气系统日益增长的负荷需要。于是，42V 供电系统应运而生。

42V 电源的采用也为发展线控转向系统创造了条件。42V 电源使线控转向系统电机的质量减轻了 20%，降低了负载电流，减小了线束直径，降低了设计与使用成本，方便了安装，提高了电子元件的集成度等。这些优点对线控转向系统的开发具有决定性的影响，将大大推动线控转向系统的电机和相关部件的发展。

二、线控转向系统的原理

线控转向系统的工作原理如图 4-9 所示。

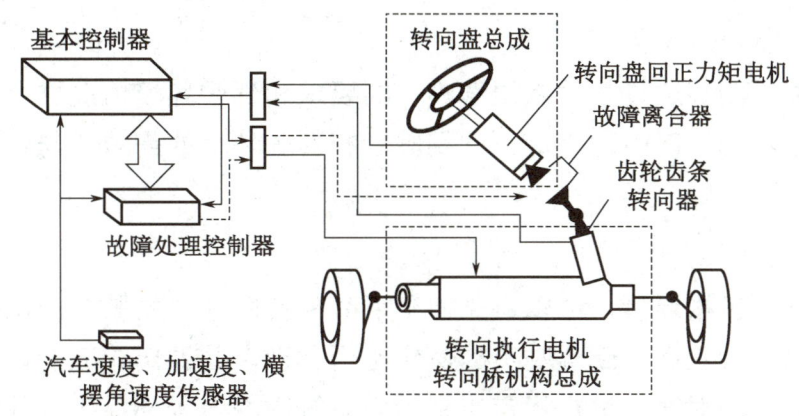

图 4-9　线控转向系统的工作原理

当驾驶员转动转向盘时，转向盘模块的传感器检测驾驶员的转向数据，然后通过数据总线将信号传递至主控制器。主控制器对这些信息进行控制运算，将运算结果通过数据总线发送到前轮转向模块。前轮转向模块按照要求控制转向轮的角度，并通过传感器采集转向轮信息，反馈到系统的其他部分。前轮转向模块依据转向轮的信息对转向角进行修正。主控制器依据转向轮的信息进行路感运算。运算结果经过总线发送至转向盘回正力矩电机，使驾驶员获得路感。这种路感的大小可以根据不同的情况由转向控制系统控制。线控转向系统还可以在相应的驾驶模式下辅助实现车道保持、自动泊车等智能驾驶功能。

三、线控转向系统的特点

由于线控转向系统中的转向盘和转向轮之间没有机械连接，是断开的，它们之间通过总线传输必要的信息，故该系统也被称作柔性转向系统。线控转向系统具有如下性能特点。

1. 改善汽车设计性能

柔性转向系统能消除转向干涉问题，为实现多功能、全方位的自动控制，以及汽车动态控制系统和汽车平顺性控制系统的系统集成提供了显著的先决条件。

前轮驱动轿车在安装发动机时需要考虑刚性转向轴占用空间，转向轴必须依据汽车是左侧驾驶还是右侧驾驶安装在发动机附近，设计人员必须协调处理各种需要安排的部件。而线控转向系统去掉了原来转向系统各个功能模块之间的刚性机械连接，大大方便了系统的总布置。

2. 改善汽车驾驶特性

基于车速、牵引力控制和其他相关参数基础上的转向比率（转向盘转角和车轮转角的比值）不断变化。低速行驶时，转向比率小，可以减少转弯或停车时转向盘转动的角度；高速行驶时，转向比率变大，可以获得更好的直线行驶条件。

3. 增强汽车舒适性

由于线控转向系统消除了机械结构连接，地面的不平整和转向轮的不平衡不会传递到转向轴上，从而缓解了驾驶员的疲劳。驾驶员的腿部活动空间和汽车底盘的空间也明显增大。

4. 实现汽车个性化设置

转向盘回正力矩能够通过软件依据驾驶员的要求和驾驶环境情况进行调整。因此，可以在不改变硬件设计的情况下，满足不同驾驶者和驾驶环境的需求，与转向有关的驾驶行为都可以通过软件来实现。

5. 提高汽车安全性

去除了转向柱等机械连接，可以避免撞车事故中转向柱对驾驶员的伤害。智能化的主控制器根据汽车的驾驶状态判断驾驶员的操作是否合理，并做出相应的调整。当汽车处于极限工况时，能够自动对汽车进行稳定控制。当系统中的电子部件出现故障后，由于采用冗余和容错技术，系统仍能实现其最基本的转向功能。

设备信息	设备厂家	
	设备名称	
	设备型号	
任务描述	1. 依据实训设备，指出线控转向系统各组成部分的名称，并完成工单； 2. 描述线控转向系统的基本工作原理，并填写相应部分工单。	
项目	作业记录内容	备注
一、前期准备	1. 更换工装和劳保鞋； 2. 按照场地实际情况进行实训分组； 3. 发放实训工单、记号笔、便笺，自备黑色签字笔； 4. 讲清实训纪律。	
二、系统认知	将图片与名称连接起来。 转向盘模块 主控制器 前轮转向模块 转向执行电机	

续表

项目	作业记录内容	备注
三、模块认知	说明：按照分组，采用问答形式进行，闭卷进行。 例如：模块 1 是什么模块？（写出模块名称） 模块 1 的作用是什么？（写出模块作用） 模块 1： 模块 2： 模块 3：	
四、实物认知	请将下述零部件池中的零部件名称写在便笺上，并粘贴在实训台架相应的零部件处。 零部件池： 转向盘、转向轮、转向执行电机、转向盘转角传感器、转向盘力矩传感器、转向系统控制器、转向横拉杆、转向器、转向节臂	
五、工作原理	1. 简述线控转向系统基本工作原理。 2. 简述线控转向系统的特点。	

智能网联汽车技术

续表

项目	作业记录内容	备注
六、知识拓展	通过搜集资料，列举出线控转向系统可参与实现汽车的哪些功能。	
七、现场恢复	（不需要填写）	

任务 3　汽车线控制动技术

情景引入

智能网联汽车的控制不仅包含横向控制，还包含纵向控制。横向控制由线控转向系统完成，部分纵向控制由线控制动系统完成。线控制动系统主要参与自动紧急制动（AEB）系统、自适应巡航控制（ACC）系统、牵引力控制（TCS）系统等功能的实现。你知道线控制动系统的结构及工作原理吗？

资讯信息

一、线控制动系统的结构

线控制动（BBW）系统又称电子控制制动系统。线控制动系统的结构如图 4-10 所示，包含制动踏板模块、主控单元、制动执行模块等。

1. 制动踏板模块

线控制动系统的制动踏板模块如图 4-11 所示。制动踏板模块包含制动踏板、踏板感觉模拟器和踏板传感器等。制动踏板模块的主要功能是实现线控制动系统与驾驶员的交互，采集驾驶员制动信息，并通过总线传输给主控单元，同时通过踏板感觉模拟器接收主控单元的控制信息，反馈车辆制动时的车轮状态。

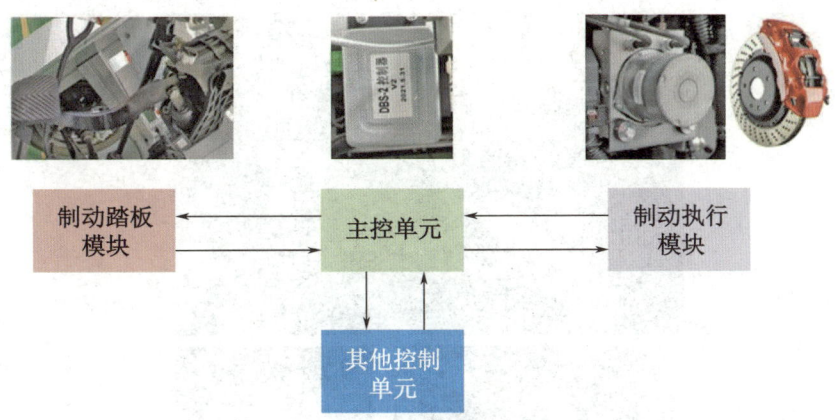

图 4-10　线控制动系统结构图

图 4-11　线控制动系统制动踏板模块

2. 主控单元

线控制动系统的主控单元如图 4-12 所示。主控单元的主要功能是依据制动踏板模块传输过来的制动信息、其他系统传输过来的车辆状态信息和功能要求等进行综合决策，将各制动轮的制动需求传输给制动执行模块。

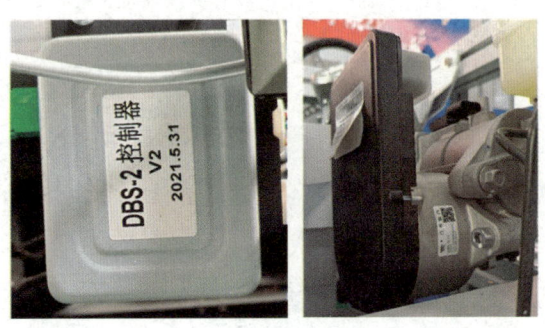

图 4-12　线控制动系统主控单元

3. 制动执行模块

线控制动系统的制动执行模块如图 4-13 所示。制动执行模块的主要功能是依据主控单元的决策信息执行相应的制动动作，达到预期的制动效果。

图 4-13　线控制动系统制动执行模块

二、线控制动系统的原理

当驾驶员踩下制动踏板时，制动踏板模块的踏板传感器检测驾驶员踩下制动踏板的深度和速度等信息，然后通过数据总线将信号传递至主控单元。主控单元对这些信息进行控制运算，将运算结果通过数据总线发送到制动执行模块。制动执行模块按照要求控制制动执行器动作，并通过传感器采集车轮转速信息和制动力矩信息，反馈到主控单元，与汽车的其他控制单元进行交互。若制动力矩过大，会触发防抱死制动系统（ABS）、电子稳定程序（ESP）系统等系统功能，主控单元会主动调整制动力矩。如果功能需要，主控单元会依据制动执行模块的传感器信息进行计算决策，并驱动踏板模块的踏板感觉模拟器反馈车轮状态。

三、线控制动系统的分类

线控制动系统依据制动执行模块的能量来源不同可分为电子机械式线控制动系统（Electro-Mechanical Braking System，EMB）和电子液压式线控制动系统（Electro-Hydraulic Braking System，EHB）。

1. 电子机械式线控制动系统

电子机械式线控制动系统原理图如图 4-14 所示。电子机械式线控制动系统又称为干式线控制动系统。按照制动器的结构可分为机电盘式制动系统和机电鼓式制动系统。电子机械式线控制动系统与常规的液压式制动系统截然不同，它以电能为能量来源，通过电机驱动制动垫块，由电线传递能量，数据线传递信号。整个系统没有连接制动管路，结构简单，体积小；信号通过电传播，反应灵敏；没有液压油管路，不存在液压油泄漏问题，维护简单；通过电子控制单元（Electronic Control Unit，ECU）直接控制，更容易实现防抱死制动系统、牵引力控制系统、自适应巡航控制系统等系统的功能。

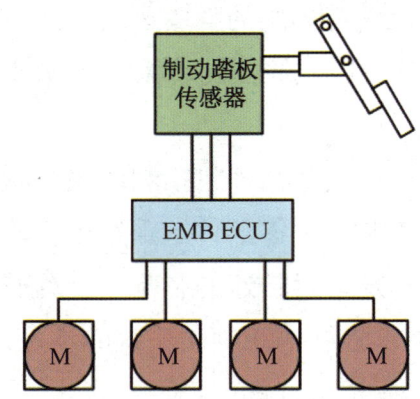

图 4-14　电子机械式线控制动系统原理图

2. 电子液压式线控制动系统

电子液压式线控制动系统原理图如图 4-15 所示。电子液压式线控制动系统又称为湿式线控制动系统。电子液压式线控制动系统是一种先进的、电控化的新型汽车制动系统，由内置踏板位移传感器、踏板感觉模拟器、电机、减速传动机构、制动主缸、壳体、控制器等组成。传统的真空助力制动系统是一种依靠真空实现助力的纯机械的制动系统，而电子液压式线控制动系统以电机为动力源，不依赖于真空，并引入了电子控制单元和多种传感器，使得制动系统实现电控化。

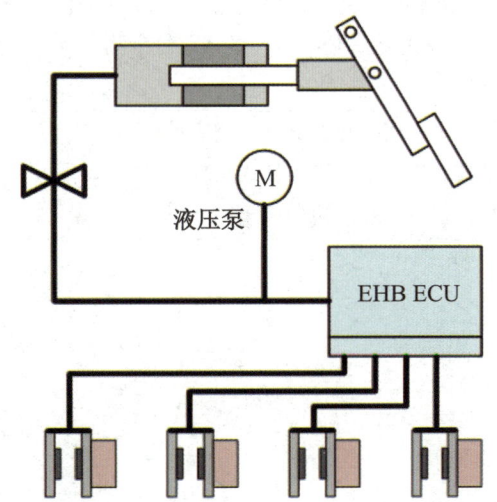

图 4-15　电子液压式线控制动系统原理图

四、线控制动系统的特点

与传统的真空助力制动系统相比，电子液压式线控制动系统具有诸多优势。

1．可以实现高性能主动制动，是高级驾驶辅助系统（ADAS）和无人驾驶的一个关键执行系统。

2. 可以实现制动解耦，从而显著提高制动能量回收率，大幅增加新能源汽车续驶里程。

3. 可以实现制动感觉可调，支持不同的驾驶风格。

4. 扩展性强，可以基于电子液压式线控制动系统实现坡道起步辅助、陡坡缓降、自动驻车等功能。

5. 可以检测和记录制动系统相关数据，包括制动系统状态、驾驶习惯等。

6. 摆脱真空依赖，省去真空源相关零部件，重量更轻，占用空间更小，集成度更高。

7. 制动性能不受海拔高度、发动机转速的影响，制动安全性更好。

电子液压式线控制动系统可以弥补传统制动系统的不足，满足汽车"新四化"的需求，已成为下一代汽车制动系统的主流解决方案。

设备信息	设备厂家		
	设备名称		
	设备型号		
任务描述	1. 根据实训设备指出线控制动系统各组成部分的名称，并完成工单； 2. 描述线控制动的基本工作原理，并填写相应部分工单。		
项目	作业记录内容		备注
一、前期准备	1. 更换工装和劳保鞋； 2. 按照场地实际情况进行实训分组； 3. 发放实训工单、记号笔、便笺，自备黑色签字笔； 4. 讲清实训纪律。		
二、模块认知	说明：按照分组，采用问答形式进行，闭卷进行。 例如：模块1是什么模块？（写出模块名称） 模块1的作用是什么？（写出模块作用） 模块1： 模块2：		

续表

项目	作业记录内容	备注
二、模块认知	模块3：	
三、连线题	将图片与名称连接起来。 制动踏板模块 主控单元 制动主缸 制动卡钳 电子制动钳总成	

续表

项目	作业记录内容	备注
四、工作原理	简述线控制动系统基本工作原理。	
五、实物认知	请在便笺上写上线控制动系统零部件的名称,并粘贴在实训台架相应的零部件处。	
六、知识拓展	通过搜集资料,列举出线控制动系统可参与实现汽车的哪些功能?	
七、现场恢复	（不需要填写）	

练习与思考题

一、选择题

1. 线控转向系统的简称是（　　）。

    A．SBM　　　　B．SBW　　　　C．BBW　　　　D．SPW

2. 下列哪项不属于线控转向系统的优点（　　）。

    A．便于集成化　　　　　　　　B．实现轻量化

    C．车辆简单化　　　　　　　　D．便于智能化

3. 下列不属于转向盘模块的是（　　）。

    A．转向盘组件　　　　　　　　B．转向盘转角传感器

    C．转向轮　　　　　　　　　　D．转向盘回正力矩电机

4．下列属于前轮转向模块的是（　　）。
　　A．转向盘　　　　　　　　B．路感反馈电机
　　C．转向执行电机　　　　　D．转向盘力矩传感器
5．线控转向系统的主控制器的功能不包含（　　）。
　　A．对传感器采集到的驾驶员意图进行解析
　　B．直接驱动转向轮转向
　　C．通过CAN总线接收其他控制单元的信息
　　D．接收车轮实际转角信息并处理
6．线控制动系统的简称是（　　）。
　　A．SBM　　　B．SBW　　　C．BBW　　　D．SPW
7．线控制动系统的制动踏板模块不包含（　　）。
　　A．制动踏板　　B．制动主缸　　C．踏板传感器　　D．踏板感觉模拟器
8．线控制动系统的制动执行模块不包含（　　）。
　　A．制动卡钳　　B．制动主缸　　C．制动踏板　　D．制动盘
9．牵引力控制系统的简称是（　　）。
　　A．ABC　　　B．TCS　　　C．ESP　　　D．EPS

二、判断题

1．线控系统通过机械机构传递扭矩，实现驾驶员对车辆的控制。（　　）
2．线控转向系统的运用不利于汽车部件的布置。（　　）
3．线控转向系统有利于实现汽车的个性化设置。（　　）
4．根据操纵机构的不同，线控制动系统可分为电子机械式线控制动系统和电子液压式线控制动系统。（　　）
5．电子机械式线控制动系统分为机电盘式制动系统和机电鼓式制动系统。（　　）
6．电子机械式线控制动系统的能量转换是电机直接将电能转换为机械能。（　　）
7．电子液压式线控制动系统又称为湿式线控制动系统。（　　）
8．电子液压式线控制动系统的能量转换路径是电能→机械能→液压能→机械能。
（　　）

三、简答题

1．为什么线控转向系统的供电电压较高？
2．简述线控转向系统中驾驶员是如何实现路感知的。
3．根据电子机械式线控制动系统原理图简述电子机械式线控制动系统的工作原理。

项目五

智能网联汽车车联网技术

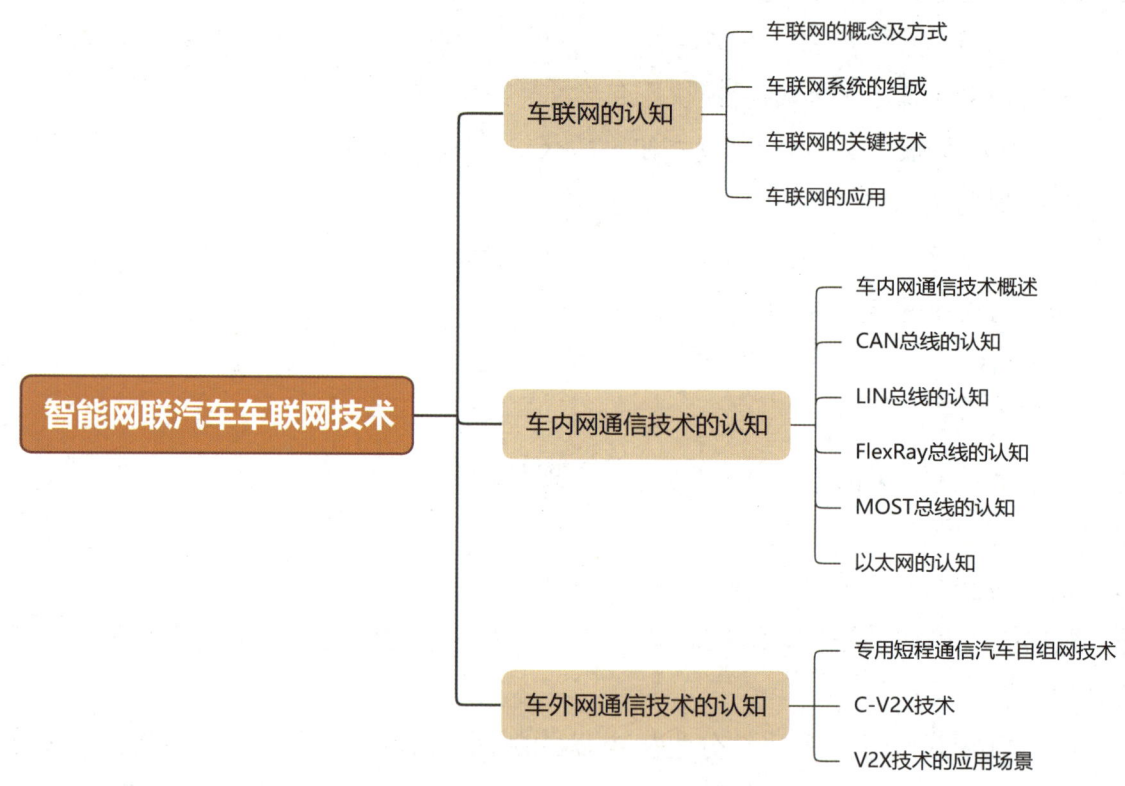

知识目标

1. 能说出车联网的方式及系统的构成；
2. 能描述车内网常用架构，同时能结合车辆维修手册指出车内网系统的组成部分；
3. 能区分车内网中采用的 CAN 总线、LIN 总线、FlexRay 总线、MOST 总线等应用；
4. 能说出车外网采用的信息技术手段；
5. 能认识到 5G 网络的关键技术及其在 V2X 中的应用。

技能目标

1. 能结合实车，说出该车搭载的车联网技术；

2. 能结合智能网联车辆的实际应用场景，指出车联网的常见设备。

素养目标

1. 通过资讯信息，激发当代大学生的创新意识；

2. 通过课外拓展，树立新时代的大学生在实现中华民族伟大复兴的中国梦中勇于担当的主人翁意识；

3. 通过任务演练，让学生正确认识到我国在智能网联汽车方面的领先地位，增强民族自豪感。

任务 1　车联网的认知

情景引入

我国人民精神文化生活的不断丰富，绿色生产生活方式和美丽中国的目标逐步实现，大大促进了车联网在智能网联汽车上的应用，"聪明的车、智慧的路、灵活的网"已逐渐融入了人们的生活。作为智能网联汽车技术专业学生的你，该如何向他人介绍车联网技术呢？

资讯信息

一、车联网的概念及方式

车联网的概念源于物联网，即车辆物联网，是以行驶中的车辆为信息感知对象，借助新一代信息通信技术，实现车与云端、车与车、车与路、车与人之间的网络连接，提升车辆整体的智能驾驶水平，为用户提供安全、舒适、智能、高效的驾驶感受与交通服务，同时提高交通运行效率，提升社会交通服务的智能化水平。车联网的示意图如图 5-1 所示。

1. 车与云端之间的通信（V2N）

车与云端（也可称车与网络）（Vehicle-To-Network，V2N），车与云端之间的通信是指车辆通过卫星无线通信或移动蜂窝等无线通信技术实现与车联网服务平台的信息传输，接受平台下达的控制指令，实时共享车辆数据，同时能够让车辆通过移动网络与云端的服务器相连，进而实现导航、娱乐、防盗等应用功能。

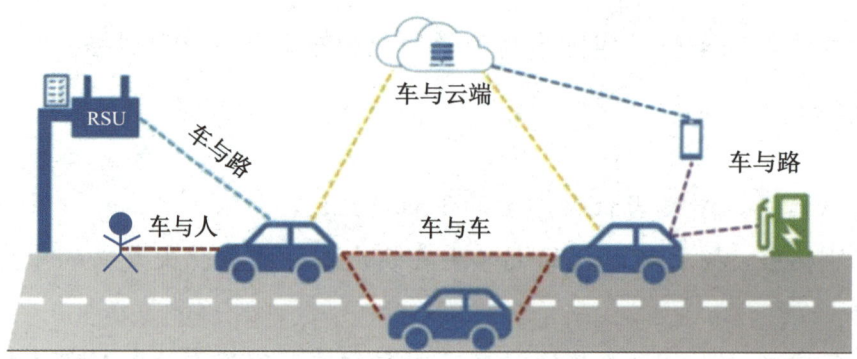

图 5-1　车联网示意图

2. 车与车之间的通信（V2V）

车与车（Vehicle-To-Vehicle，V2V），车与车之间的通信是指车辆与车辆之间实现信息交流与信息共享，包括车辆位置、行驶速度等车辆状态信息，可用于判断道路车流状况。最典型的应用就是防止车辆的各种剐蹭、碰撞和追尾等。

3. 车与路之间的通信（V2R）

车与路（Vehicle-To-Road，V2R），车与路之间的通信是指车辆与道路及路边的基础设施进行数据的交换（比如可以获取红绿灯、各种道路指示牌信息等），用于监测道路路面状况，引导车辆选择最佳行驶路径。

4. 车与人之间的通信（V2P）

车与人（Vehicle-To-Pedestrian，V2P），车与人之间的通信是指车辆可以通过 Wi-Fi、蓝牙、蜂窝等无线通信手段感知行人的位置和行动轨迹，从而实现更加安全的行驶。此外车辆还可以通过 V2P 技术向行人发出语音警告，或向车辆发出刹车指令，以防止交通事故的发生。

5. 车内设备之间的通信（总线技术）

车内设备之间的通信是指车辆内部各设备之间的信息数据传输，用于对设备状态的实时检测与运行控制，建立数字化的车内控制系统。

二、车联网系统的组成

1. 车辆和车载系统

车辆和车载系统指的是参与交通的每一辆汽车和车上的各种设备。通过车载各种传感器设备，车辆不仅可以实时地了解自己的位置、朝向、行驶距离、速度和加速度等车辆信息，还可以通过各种环境传感器感知外界环境的信息，包括温度、湿度、光线、距离等，既方便驾驶员及时了解车辆的信息，又可以对外界变化做出及时的反应。此外，这些传感器获取的信息还可以通过无线网络发送给周围的车辆、行人和道路，上传到车联网系统的云计算中心，加强了信息的共享能力。

2. 车辆标识系统

车辆上的若干标志标识和外界的标识识别设备构成了车辆标识系统，其主要技术有RFID和图像识别技术等。

3. 路边设备系统

路边设备系统会沿交通路网设置，一般会安装在交通热点地区、交叉路口或者高危险地区。路边设备系统采集通过特定地点的车流量数据，分析不同拥堵路段的信息，给予交通参与者避免拥堵的若干建议。

4. 通信系统

有了信息之后，还需要通信系统对各种信息数据进行传输，这是网络链路层的重要组成部分。目前车辆内部通信采用CAN总线、LIN总线、FlexRay总线、MOST总线和以太网等网络协议，均是采用有线连接。外部通信系统以移动网络、无线网络、蓝牙等为主，车联网的大部分网络需求需要和网络运营商合作，以便和外部设备进行连接。

三、车联网的关键技术

1. 射频识别技术

射频识别（Radio Frequency Identification，RFID）技术是通过无线射频信号实现物体识别的一种技术，具有非接触、双向通信、自动识别等特征，对人体和物体均有较好的效果。RFID不但可以感知物体的位置，还能感知物体的移动状态并进行跟踪。RFID定位法目前已广泛应用于智能交通领域，尤其是车联网更是对RFID技术有强烈的依赖，RFID已成为车联网体系的基础性技术，一般与服务器、数据库、云计算、短距离无线通信等技术结合使用。

2. 传感网络技术

车辆服务需要大量数据的支持，这些数据是由各类传感器采集而来的。不同的传感器组成一个庞大的数据采集系统，动态采集一切车联网服务所需要的原始数据，如车辆位置、状态参数、交通信息等。这些原始数据经过分析处理后可作为各项业务数据为车辆提供优质服务。当前传感器已由单个或几个传感器演化为由大量传感器组成的传感器网络，并且能够根据不同的业务进行个性化定制。

3. 卫星定位技术

随着全球定位技术的发展，车联网的发展迎来了新的历史机遇，传统的GPS成为车联网技术的重要技术基础，为车辆的定位和导航提供了高精度的可靠位置服务，成为车联网的核心业务之一。随着我国北斗导航系统的日益完善和投入使用，车联网技术又有了新的发展方向，并逐步实现向国产化、自主知识产权的时期过渡。北斗导航系统将成为我国车联网体系的核心技术之一，成为车联网核心技术自主研发的重要开端。

4. 无线通信技术

传感网络采集的数据需要通信系统传输出去才能得到及时的处理和分析，分析后的数据也要经过通信网络的传输才能到达车辆终端设备。考虑到车辆的移动特性，车联网技术只能采用无线通信技术来进行数据传输，因此无线通信技术是车联网技术的核心组成部分。在各种无线传输技术的支持下，数据可以在服务器的控制下进行交换，实现业务数据的实时传输，并通过指令的传输实现对网内车辆的实时监测和控制。

5. 大数据分析技术

大数据是指借助于计算机技术和互联网，捕捉到数量繁多、结构复杂的数据或信息的集合体。在计算机技术和网络技术的发展推动下，各种大数据处理方法已经开始得到广泛的应用。常见的大数据技术包括信息管理系统、分布式数据库、数据挖掘、聚类分析等。

6. 标准及安全体系

车联网作为一个庞大的物联网应用系统，包含了大量的数据、处理过程和传输节点。为了确保其高效运行，必须有一套统一、规范的标准体系来确保数据的真实性和完整性，完成各项业务的应用。标准化已成为车联网技术发展的迫切要求。另外，车辆联网和获取服务本身也是为了更好地为车辆安全行驶提供保障，因此安全体系的建立也十分重要。能否根据当前车联网发展情况，建立一套高效的标准和安全体系，已经成为决定未来车联网技术发展的关键因素。

四、车联网的应用

车联网是实现自动驾驶乃至无人驾驶的重要组成部分，也是未来智能交通系统的核心组成部分，将在以下几个方面发挥越来越重要的作用。

1. 车辆安全方面

车联网能够应用于安全驾驶、协同驾驶及汽车活动安全等领域，通过提前预警、超速警告、逆行警告、红灯预警、行人预警等相关手段提醒驾驶员，也可通过紧急制动、禁止疲劳驾驶等措施有效降低交通事故的发生率，保障人员及车辆安全。

2. 交通控制方面

车联网可以实现对车辆信息的实时传输，通过车辆传感器收集信息，并在云中心实施计算与分类处理，将不同类型的数据分类发放，使不同部门都能够掌握信息数据。通过得到的反馈数据，实时播报交通及事故情况，缓解交通堵塞，提高道路使用率。

3. 信息服务方面

整车数字化时代的车联网，可以为企业和个人提供方便快捷的信息服务，极大地提高汽车用车服务的质量。车企可以通过收集和分析车辆行驶信息，了解车辆的使用状况和问题，确保用户行车安全。汽车的实时车况可以通过云端传输给服务商，车况的透明化将助力服务商为用户提供一系列主动式的服务，如代驾、停车、加油、违章查询代缴、充电桩收费、上门保养、上门洗车等。这时候汽车成为流量出口，服务商有动力推销服务，线上高效快捷的服务体验也将吸引用户，从而大大提高用车服务的效率。

在货物运输中，可以对已经得到确切定位的货物进行位置信息的跟踪，并为货物在供应链与物流链当中提供服务。

4. 智慧城市与智能交通方面

以车联网为通信管理平台可以实现智能交通。例如，交通信号灯智能控制、智慧停车、智能停车场管理、交通事故处理、公交车智能调度等方面都可以通过车联网实现。而交通的信息化和智能化，有助于智慧城市的构建。

随着车联网能力的增强，智慧城市基础设施的进一步发展，自动驾驶感知和决策功能将从车上转移至道路基础设施上。这有助于降低单车成本，并且能通过区域内集中控制实现所有车辆的自动驾驶，提升交通效率与安全性。自动驾驶功能的商业模式也将有极大的创新应用，因为整车硬件的功能都可以通过云端开启关闭，同一个车型可以拥有一样的硬件，但通过软件限制区分不同的配置，允许用户在购车之后，再通过付费开启车上的硬件功能，使得"免费试用"的模式成为可能。这样既可以实现对消费者的推销，又能反向促进车企提供能足够吸引用户的自动驾驶软件服务。

车联网的信息安全防护

当前的汽车具备大量外部信息接口，像车载诊断系统接口（OBD）、充电控制接口、无线钥匙接口、导航接口、车辆无线通信接口（蓝牙、Wi-Fi、DSRC、4G）等，增加了汽车被入侵的风险。此外，汽车也正成为一个安装有大规模软件的信息系统，被称为"软件集成器"。随着汽车信息化水平的提高，经由外部实施的网络攻击导致汽车控制系统误操作亦成为了威胁。

目前车联网信息安全主要存在三大方面的风险，一是车内网络架构容易遭到信息安全的挑战，二是无线通信面临更为复杂的安全通信环境，三是云平台的安全管理中存在更多的潜在攻击接口。

1. 车联网服务平台防护策略

当前车联网服务平台均采用云计算技术，通过现有网络安全防护技术手段进行安全加固，部署有网络防火墙、入侵检测系统、入侵防护系统、Web防火墙等安全设备等，覆盖系统、网络、应用等多个层面,并由专业团队运营。车联网服务平台功能逐步强化,已成为集数据采集、功能管控于一体的核心平台,并部署多类安全云服务,强化智能网联汽车安全管理,具体包括以下几个方面。

(1)设立云端安全检测服务。

部分车型通过分析云端交互数据及车端日志数据,检测车载终端是否存在异常行为及隐私数据是否泄露,并进行安全防范。此外,云平台还具备远程删除恶意软件的功能。

(2)完善远程 OTA 更新功能。

加强更新校验和签名认证,完善适配固件更新和软件更新,在发现安全漏洞时快速更新系统,大幅降低召回成本和漏洞的暴露时间。

(3)建立车联网证书管理机制。

该机制主要用于智能网联汽车的用户身份验证,为用户加密密钥和登录凭证提供安全管理。

(4)开展威胁情报共享。

在整车厂商、服务提供商及政府机构之间进行安全信息共享,并进行软件升级和漏洞修复。

2. 车联网通信防护策略

车辆控制域和信息服务域采用隔离的方式来加强安全管理。

(1)网络隔离。

APN1 和 APN2 之间网络完全隔离,形成两个不同安全等级的安全域,避免越权访问。

(2)车内系统隔离。

车内网的控制单元和非控制单元进行安全隔离,对控制单元实现更强的访问控制策略。

(3)数据隔离。

不同安全级别数据的存储设备相互隔离,并防止系统同时访问多个网络,避免数据交叉传播。

(4)加强网络访问控制。

车辆控制域仅可访问可信白名单中的 IP 地址,避免受到攻击者干扰,部分车型对于信息服务域的访问地址也进行了限定,加强网络管控。

3. 数据安全防护策略

车联网整车厂商对用户数据进行分级保护,对于涉及驾驶员信息、驾驶习惯、车辆信息、位置信息等敏感数据采取较高级别的管理要求,仅被整车厂商签名认可的应用才可读取相关数据,其他非签名认证应用只可读取非敏感数据。敏感数据传输通过 APN1 在车辆控制域中加密传输,避免外泄。加强数据使用限制,部分车企仅将车联网数据作为内部数据使用,用于车辆故障诊断,拒绝与任何第三方企业共享用户数据,尽可能确保用户私密数据安全可控。

在车联网数据的隐私和可靠性方面，有机融合区块链和云计算技术是一种缓解矛盾冲突的方法。把整个车联网某一些跟安全密切相关的功能和数据放到区块链上，把相对来说重要性不是很高的技术放到云计算平台。

设备信息	设备厂家		
	设备名称		
	设备型号		
任务描述	依据下述实训流程完成各环节实训任务。		
项目	作业记录内容		备注
一、前期准备	1. 更换工装和劳保鞋； 2. 按照场地实际情况进行实训分组； 3. 发放实训工单，自备黑色签字笔； 4. 讲清实训纪律。		
二、信息收集	1. 车联网是以（　　）为信息感知对象，借助新一代信息通信技术，实现车与X（人、车、路、云端）之间的网络连接。 　　A. 行驶中的车辆　B. 行人　　C. 网络　　D. 道路设备 2. V2N 主要是指（　　）之间的通信。 　　A. 车与人　　B. 车与云端　C. 车与路　D. 车与车 3. V2R 主要是指（　　）之间的通信。 　　A. 车与人　　B. 车与云端　C. 车与路　D. 车与车 4. V2V 主要是指（　　）之间的通信。 　　A. 车与人　　B. 车与云端　C. 车与路　D. 车与车 5. V2P 主要是指（　　）之间的通信。 　　A. 车与人　　B. 车与云端　C. 车与路　D. 车与车 6. 车联网系统主要由_____、_____、_____和_____组成。（　　） 　　A. 车辆和车载系统　　　　B. 车辆标识系统 　　C. 路边设备系统　　　　　D. 通信系统 7. 车联网技术体系结构按照其层次由高到低分别是（　　）。 　　A. 应用层、采集层、网络层　　B. 应用层、网络层、采集层 　　C. 采集层、网络层、应用层　　D. 采集层、应用层、网络层 8. 高速公路口采用的 ETC 通行技术属于（　　）技术。 　　A. 无线通信　B. 传感网络　C. 卫星定位　D. 射频识别 9. 下列哪项不是车联网信息安全主要存在的风险。（　　） 　　A. 车内网络架构容易遭到信息安全的挑战 　　B. 无线通信面临更为复杂的安全通信环境 　　C. 通信识别技术容易识别错误 　　D. 云平台的安全管理中存在更多的潜在攻击接口 10.（判断题）未来智能交通系统的核心组成部分是车内网。（　　）		

续表

项目	作业记录内容	备注
三、模块认知	说明：将图片中不同颜色虚线分别代表的车联网形式写在方框中。	
四、连线题	说明：将车联网与各方位网络连接对应的英文缩写连接起来。 车与车　　　　　　　V2V 车与人　　　　　　　V2P 车与路　　　　　　　V2N 车与云端　　　　　　V2R	
五、知识拓展	通过搜集资料，列举出实训车辆车联网系统由哪些系统组成。	
六、现场恢复	（不需要填写）	

任务 2

车内网通信技术的认知

情景引入

　　智能网联汽车的应用，让汽车内的控制元件越来越多，为了能够协同工作，它们之间需要不断进行信息交互，你知道它们是如何进行无障碍通信的吗？

一、车内网通信技术概述

1. 汽车车内网络定义

汽车车内网络也称为车载网络,是指将汽车上所有的传感器、执行器和电子控制单元(简称电控单元)进行有效连接,构成的通信形式。

2. 车载网络的组成

车载网络采取基于串行数据通信的体系结构,车载网络主要由电控单元、数据总线、网络、网络协议、网关等组成。图 5-2 所示为一种传统车辆采用的车载网络拓扑结构。

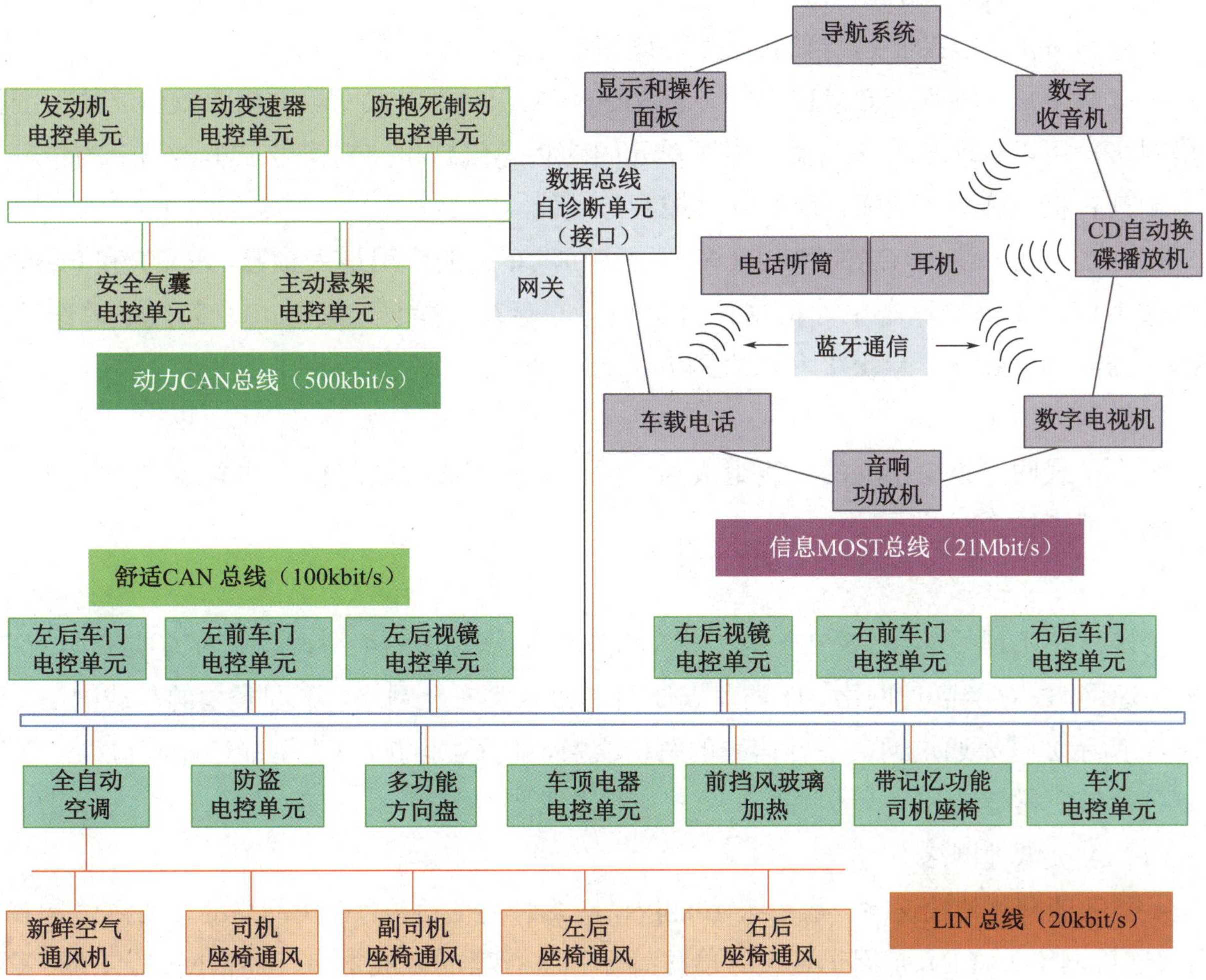

图 5-2 一种传统车辆采用的车载网络拓扑结构

(1)电控单元。

现在的汽车除了有发动机电控单元,还有自动变速器电控单元、防抱死制动电控单元、空调电控单元等许多电控单元,甚至一些高档轿车有几十个电控单元。因此,必须用网络把电控单元连接起来才能进行资源共享。

（2）数据总线。

数据总线（BUS）是电控单元间运行数据传递的通道，简称总线，即所谓的信息高速公路。如果一个电控单元可以通过总线发送数据，又可以从总线接收数据，则这样的数据总线就称为双向数据总线。汽车上的数据总线常用的传输介质有单线、双绞线、同轴电缆和光导纤维等。

（3）网络。

在汽车行业里，习惯将几条总线连接在一起的车载局域网称为车载网络。为了满足汽车上不同的电控单元对总线系统性能的不同要求，同时考虑经济成本，一辆汽车上往往采用不同的总线组成车载网络。

（4）网络协议。

车载网络协议包括各总线独立通信协议和各总线相互通信协议。

车载网络是一种基于 CAN、LIN、FlexRay、MOST、以太网等通信协议建立的标准化整车网络，可以实现车内各电器、电子单元间的状态信息和控制信号在车内网上的传输，使车辆具有状态感知、故障诊断和管理控制等功能。

在这些通信协议中，CAN 和 LIN 车载网络在汽车中的应用最为频繁，MOST 和 FlexRay 总线大多应用于高端汽车中。根据传输类型之间存在的差异，可以将车载网络总线分为 CAN、LIN、FlexRay、MOST 和以太网五种。

（5）网关。

由于车载网络是由不同的总线组成的，因此，就需要一个连接不同总线的特殊网络节点，这个节点称为网关。

3. 车载网络的分类

美国汽车工程师学会（SAE）提出将车载网络划分为 5 种类型，分别为 A 类低速网络、B 类中速网络、C 类高速网络、D 类多媒体网络和 E 类安全网络。不同类型的车载网络（如图 5-3 所示）需要通过网关进行信号的解析交换，使不同的网络类型能够相互协调，保证车辆各系统正常运转。

（1）A 类低速网络。

A 类低速网络传输速率一般小于 10kbit/s，有多种通信协议，该类网络的主要协议是 LIN（局部连接网络）。LIN 是用于连接智能传感器、执行器的低成本串行通信网络。LIN 采用 SCI、UART 等通用硬件接口，配以相应的驱动程序，成本低廉，配置灵活，适用范围较广，主要用于电动门窗、电动座椅、车内照明系统和车外照明系统等。

（2）B 类中速网络。

B 类中速网络传输速率为 10kbit/s～125kbit/s，对实时性要求不太高，主要面向独立模块之间数据共享的中速网络。目前该网络的主流协议是低速 CAN（控制器局域网），通信介质可以是双绞线、同轴电缆或光导纤维。该网络主要用于故障诊断、空调、仪表显示等。

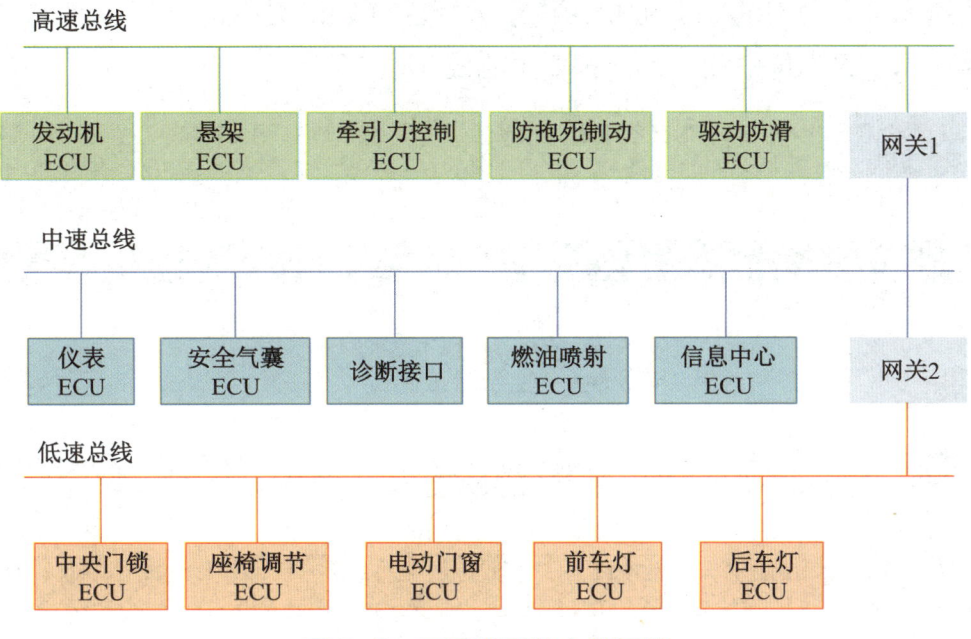

图 5-3　不同类型的车载网络

（3）C 类高速网络。

C 类高速网络传输速率为 125kbit/s～1000kbit/s，对实时性要求高，主要面向高速、实施闭环控制的多路传输网。这类网络的主流协议是 CAN、FlexRay 等协议，主要用于牵引力控制系统、发动机控制系统、防抱死制动系统（ABS）、电子稳定程序（ESP）、悬架控制系统等。

（4）D 类多媒体网络。

D 类多媒体网络传输速率为 250kbit/s～100Mbit/s，该网络协议主要有 MOST、以太网、蓝牙、ZigBee 等，主要用于要求传输效率较高的多媒体系统、导航系统等。

（5）E 类安全网络。

E 类安全网络传输速率为 10Mbit/s，主要用于汽车安全系统。

二、CAN 总线的认知

1. CAN 总线概述

CAN 是控制器局域网（Controller Area Network）的简称。最初是德国某公司为监测汽车、控制系统而设计的一种串行数据通信协议。

这种串行数据通信协议在应用上由于可采用双绞线、同轴电缆和光导纤维作为通信介质，因此又称"控制器局域网总线"，常用 CAN-BUS（Controller Area Network-BUS），即 CAN 总线表示。

CAN 是一种开放式、数字化、多点通信的底层控制网络，技术比较成熟，控制的芯片已经商品化，性价比高，特别适用于分布式测控系统之间的数据通信。

目前，CAN总线（如图5-4所示）已经是国际上应用最广泛的网络总线之一，它的数据信息传输速率最大为1Mbit/s，通信距离最远可达10km。CAN总线采用双绞线作为传输介质，媒体访问方式为位仲裁，是一种多主总线。

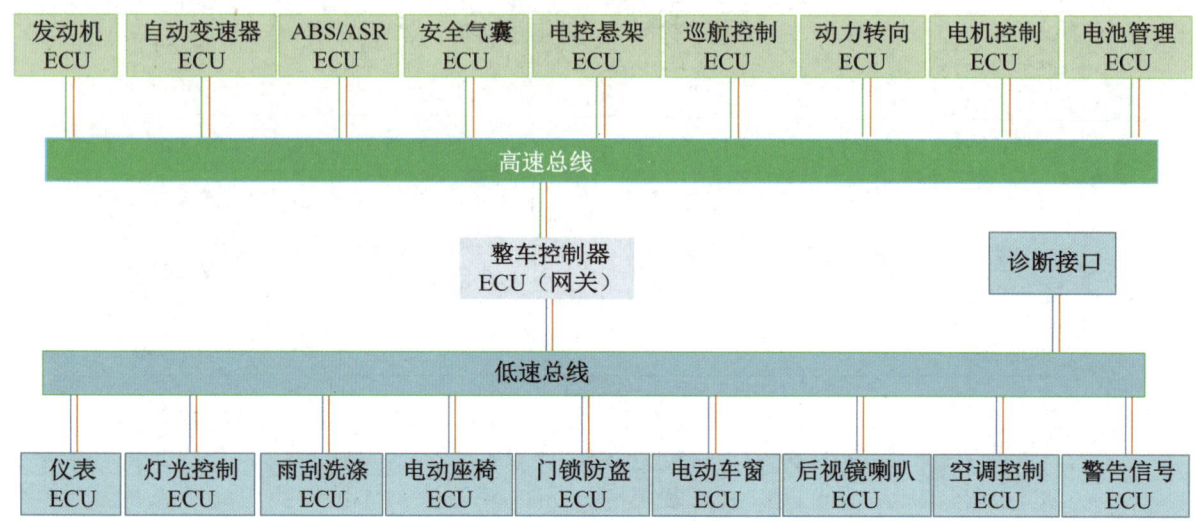

图5-4　CAN总线

2. CAN总线的特点

（1）在总线空闲时，所有单元都可开始发送消息；最先访问总线的单元可获得发送权；多个单元同时开始发送时，发送高优先级ID（标识符）消息的单元可获得发送权。

（2）在CAN协议中，所有的消息都以固定的格式发送；总线空闲时，所有与总线相连的单元都可以开始发送新消息；两个以上的单元同时开始发送消息时，对各消息ID的每个位进行逐个仲裁比较；仲裁获胜（被判定为优先级最高）的单元可继续发送消息，仲裁失败的单元则立刻停止发送并进行接收工作。

（3）与总线相连的单元没有类似于"地址"的信息，因此在总线上增加单元时，连接在总线上的其他单元的软硬件及应用层都不需要改变。

（4）通信速度与其通信距离成反比，当通信距离小于40m时，CAN总线的传输速率可以达到1Mbit/s；当其通信距离达到10km时，其传输速率仍可以达到约5kbit/s。

（5）CAN总线可通过发送"遥控帧"请求其他单元发送数据。

（6）具有错误检测、错误通知、错误恢复功能。

（7）CAN总线可以判断出错误的类型是总线上暂时的数据错误（如外部噪声等）还是持续的数据错误（如单元内部故障、驱动器故障、断线等）；当总线上发生持续的数据错误时，可将引起此故障的单元从总线上隔离出去。

（8）CAN总线可以同时连接多个单元，可连接的单元总数理论上是没有限制的，但实际上可连接的单元数受总线上的时间延迟及电气负载的限制。降低传输速率，可连接的单元数增加；提高传输速率，则可连接的单元数减少。

三、LIN 总线的认知

1. LIN 总线概述

LIN 是局部连接网络（Local Interconnect Network）的简称，也被称为局域网子系统，是专门为汽车开发的一种低成本串行通信网络，用于实现汽车中的分布式电子系统控制。LIN 总线的数据传输速率为 20kbit/s，媒体访问方式为单主多从，通常用来辅助 CAN 总线工作。使用 LIN 总线可大大降低成本。LIN 总线如图 5-5 所示。

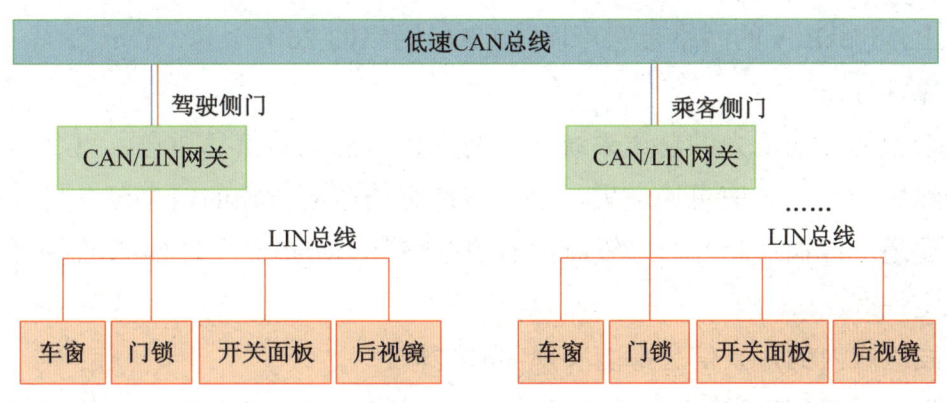

图 5-5　LIN 总线

2. LIN 总线的特点

（1）LIN 总线的通信是基于 SCI 数据格式（接收和发送都采用非归零数据格式），媒体访问采用单主节点、多从节点的方式，数据优先级由主节点决定，灵活性好。

（2）一条 LIN 总线最多可以连接 16 个节点，共有 64 个标识符。

（3）LIN 总线采用低成本的单线连接，传输速率最高可达 20kbit/s。

（4）不需要进行仲裁，同时在从节点中无须石英或陶瓷振荡器，只采用片内振荡器就可以实现自同步，从而降低硬件成本。

（5）几乎所有的微控制单元均具备 LIN 所需硬件，且实现费用较低。

（6）网络通信具有可预期性，信号传播时间可预先计算。

（7）通过主机节点可将 LIN 与上层网络（CAN）相连接，实现 LIN 的子总线辅助通信功能，从而优化网络结构，提高网络效率和可靠性。

（8）LIN 总线通信距离最大不超过 40m，LIN 总线主要应用于车窗、门锁、开关面板、后视镜等。

四、FlexRay 总线的认知

随着汽车电子电器架构复杂度的提升，尤其是辅助驾驶系统、无人驾驶技术的快速发展，传统的 LIN、CAN 总线已无法满足一些高带宽需求的应用场景。

1. FlexRay 总线概述

FlexRay 是专为车内局域网设计的一种具备故障容错的高速可确定性车载总线系统。采用了基于时间出发的机制且具有高带宽、容错性好等特点，在实时性、可靠性及灵活性方面都有很大的优势，非常适用于安全性要求较高的线控场合及带宽要求高的场合。

2. FlexRay 总线的特点

（1）数据传输速率高。

最大传输速率可达到 10Mbit/s，双通道总数据传输速率可达到 20Mbit/s，因此，应用在车载网络上，FlexRay 的网络带宽可以是 CAN 网络的 20 倍。

（2）可靠性好。

具有冗余数据传输能力的总线系统使用两个相互独立的信息通道，每个信息通道都由一组双线导线组成；一个信息通道失灵时，该信息通道应传输的信息可在另一条没有发生故障的信息通道上传输；此外，总线监护器的存在进一步提高了通信的可靠性。

（3）确定性好。

时间触发区域内的每条信息都能实现实时传输。

FlexRay 将一个通信周期分为静态部分、动态部分、网络空闲时间。静态部分使用时分多址的数据传输方式，每个节点会均匀分配时间片，每个节点只有在属于自己的时间片里才能发送消息，即使某个节点当前无消息可发，该时间片依然会保留（也就造成了一定的总线资源浪费）。在动态部分则采用柔性时分多址的数据传输方式，会轮流问询每个节点有没有消息要发，有就发，没有就跳过。静态部分用于发送需要经常性发送的重要性高的数据，动态部分用于发送使用频率不确定、相对不重要的数据。

（4）灵活性好。

灵活性好是 FlexRay 总线的突出特点，主要体现在：支持多种方式的网络拓扑结构，如点对点连接、串级连接、主动星形连接、混合型连接等；信息长度可配置，可根据实际控制应用需求，为其设定相应的数据载荷长度；双通道拓扑既可用于增加带宽，也可用于传输冗余的信息；周期内静态、动态信息传输部分的时间都可随具体应用而改变。

3. FlexRay 总线的应用

（1）替代 CAN 总线。

FlexRay 的最高传输速率高于 CAN 总线的传输，很多数据传输速率要求超过 CAN 总线能力范围的场合，可以使用 FlexRay 总线替代。

（2）用作"数据主干网"。

数据传输速率高，且支持多种拓扑结构，非常适用于车辆主干网络，连接多个独立网络。

（3）用于分布式测控系统。

FlaxRay 总线能确切知道消息到达时间，且消息周期偏差非常小，所以可以用在对信息传递要求实时性较高的分布式测控系统中，如动力系统、底盘系统的一体化控制中。

（4）用于高安全性要求的系统。

FlexRay 本身不能确保系统安全，但它具备大量功能以支持面向安全的系统设计。

五、MOST 总线的认知

1. MOST 总线概述

MOST（Media Oriented System Transport）总线是面向媒体的系统传输总线，MOST 是汽车业合作的成果，而不具备正式的标准。它是一种专门针对车内使用而开发的、服务于多媒体应用的数据总线技术。

MOST 总线专门用于满足要求严格的车载环境。这种新的基于光纤的网络能够支持 24.8Mbit/s 的数据速率，与以前的铜缆相比具有更小重量和更小电磁干扰的优势。奥迪 A6L 汽车上 MOST 总线的应用，如图 5-6 所示。

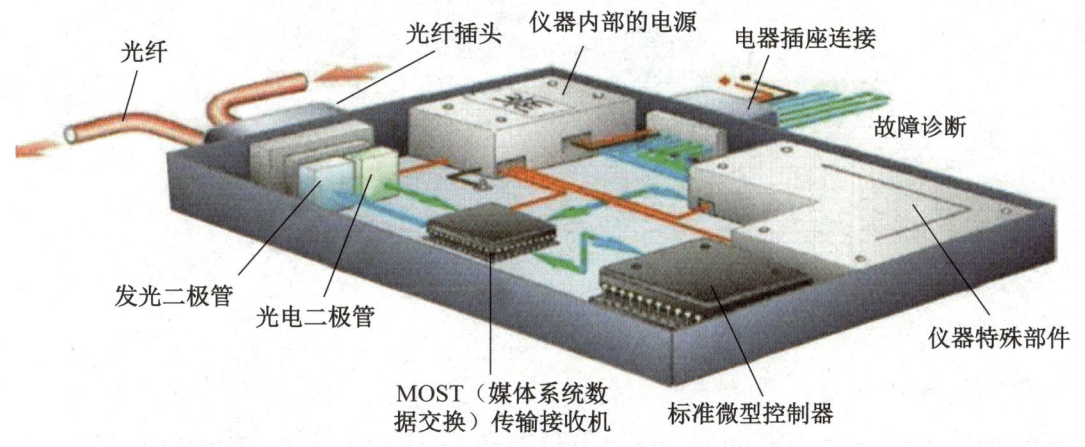

图 5-6　奥迪 A6L 上 MOST 总线的应用

2. MOST 总线的特点

（1）保证在低成本条件下，速率最高可以达到 147.5Mbit/s。

（2）无论是否有主控计算机都可以工作。

（3）支持声音和压缩图像的实时处理。

（4）支持数据的同步和异步传输。

（5）发送/接收器嵌有虚拟网络管理系统。

（6）支持多种网络连接方式，提供 MOST 设备标准。

（7）通过采用 MOST，可以减小线束的重量。

（8）光纤网络不会受到电磁辐射与射频的影响。

六、以太网的认知

1. 以太网概述

以太网是由美国施乐公司创建,并由施乐、英特尔和美国数字设备公司联合开发的基带局域网规范,是当今现有局域网采用的最通用的通信协议标准。汽车以太网是一种利用有线网络连接汽车内的各种组件的物理网络,如图 5-7 所示。在智能网联汽车上,高级驾驶辅助系统(ADAS)的雷达和摄像机的信号传输介质多采用以太网。

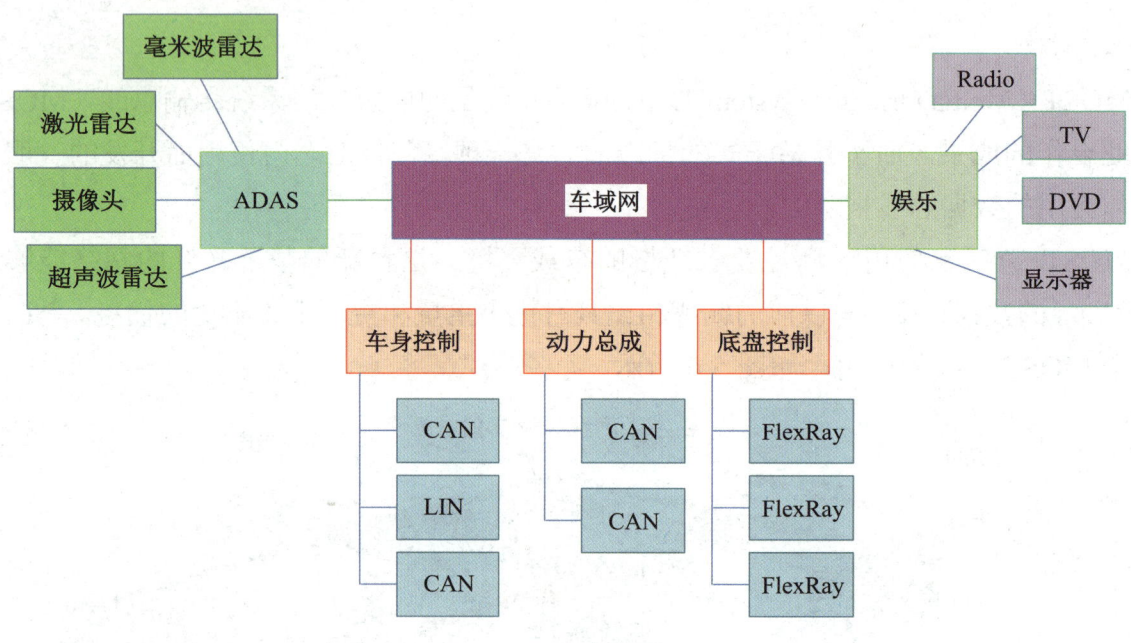

图 5-7 汽车以太网

2. 以太网的特点

(1)数据传输速率高。

最大传输速率能达到 10Gbit/s,并且还在提高,比任何一种现场总线都快。

(2)应用广泛。

以太网是一种标准的开放式网络,不同厂商的设备很容易互联。

(3)容易与信息网络集成,有利于资源共享。

由于具有相同的通信协议,以太网能实现与 Internet 的无缝连接,方便车辆网络与地面网络的通信。

(4)支持多种物理介质和拓扑结构。

以太网支持多种传输介质,包括同轴电缆、双绞线、光缆等,用户可根据带宽、距离、价格等因素做多种选择。

(5)软硬件资源丰富。

大量的软件资源和设计经验可以显著降低系统的开发成本,加快系统的开发和推广速度。

（6）可持续发展潜力大。

车载网络采用以太网，可以避免其发展游离于计算机网络技术的发展主流之外，从而使车载网络与信息网络技术互相促进，共同发展。

任务实施

设备信息	设备厂家	
	设备名称	
	设备型号	
任务描述	依据下述实训流程完成各环节实训任务。	
项目	作业记录内容	备注
一、前期准备	1. 更换工装和劳保鞋； 2. 按照场地实际情况进行实训分组； 3. 发放实训工单，自备黑色签字笔； 4. 讲清实训纪律。	
二、信息收集	1. 下列哪项不属于车内网的组成元件？（　　） 　　A．ABS 电控单元　　　　B．激光雷达 　　C．数据总线　　　　　　D．空调控制器 2.（判断）车载网络协议包括各总线独立通信协议和各总线相互通信协议。（　　） 3.（判断）为了满足汽车上不同的电控单元对总线系统性能不同的要求，同时考虑经济成本，一辆汽车上往往采用不同的总线组成车载网络。（　　） 4. 连接不同总线的特殊网络节点是（　　）。 　　A．控制单元　　　　　　B．数据总线 　　C．网关　　　　　　　　D．激光雷达 5. 下列通信协议成本最低的是（　　）。 　　A．LIN　　　　　　　　B．CAN 　　C．MOST　　　　　　　D．以太网 6. 下列哪项不是 CAN 通信常用的通信介质？（　　） 　　A．双绞线　　　　　　　B．同轴电缆 　　C．光导纤维　　　　　　D．铜导线 7.（判断）FlexRay 具备大量功能以支持面向安全的系统设计。（　　） 8. MOST 总线采用的是（　　）传输。 　　A．双绞线　　　　　　　B．同轴电缆 　　C．光导纤维　　　　　　D．铜导线 9. 下列通信协议数据传输速率最高的是（　　）。 　　A．LIN　　　　　　　　B．CAN 　　C．MOST　　　　　　　D．以太网 10.（　　）能实现与 Internet 的无缝连接，方便车辆网络与地面网络的通信。 　　A．LIN　　　　　　　　B．CAN 　　C．MOST　　　　　　　D．以太网	

续表

项目	作业记录内容	备注
三、模块认知	说明：将元件名称填写在空格内。 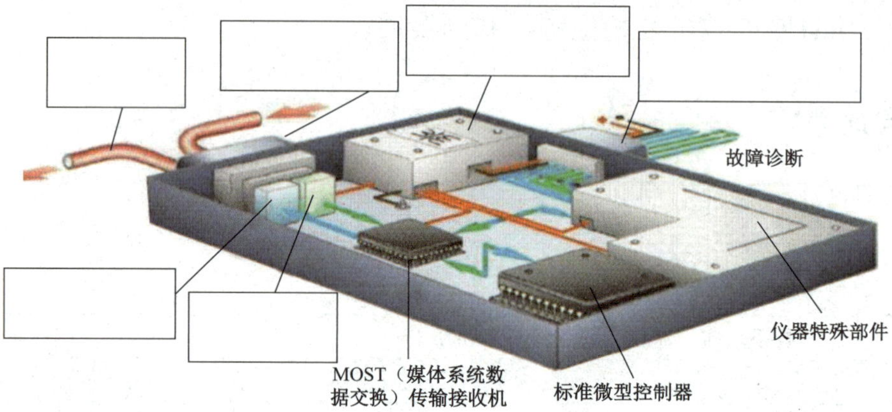 故障诊断 仪器特殊部件 MOST（媒体系统数据交换）传输接收机 标准微型控制器	
四、连线题	说明：将总线类型与其对应的特点连接起来。 CAN总线 —— 开放式网络，可以实现不同厂商设备互联 LIN总线 —— 单主多从结构，多采用单线模式 FlexRay —— 容错性好且可以实时传输 MOST —— 传输速率高，采用光纤传输 以太网 —— 多主优先级发送信息，双绞线介质	
五、知识拓展	通过搜集资料，列举出车内网一般由哪些部分组成。	
六、现场恢复	（不需要填写）	

任务 3

车外网通信技术的认知

 情景引入

小李在龙子湖体验园区乘坐了宇通客车的无人驾驶车辆"小宇"，发现"小宇"可以在

没有转向盘的情况下自行避让行人，这是怎么实现的呢？

汽车与外部的联网，主要通过信息交互技术实现车与 X（人、车、路、云端等）之间全方位的信息连接和交互，从而对车辆实行智能化交通管理、智能动态信息服务和车辆智能化控制的一体化网络。当前 V2X 领域主要存在两大通信技术，一种是专用短程通信汽车自组网技术，另一种是 C-V2X 技术。

一、专用短程通信汽车自组网技术

1. 专用短程通信技术

专用短程通信 DSRC（Dedicated Short Range Communication）广泛应用于机动车辆在高速公路等收费点实现不停车自动收费（ETC）上。

国际上 DSRC 专用短程通信技术曾出现 3 个主要的工作频段：800MHz～900MHz、2.4GHz 和 5.8GHz 频段。我国采用的是源于 ISO/TC204 国际标准化组织智能运输系统技术委员会（国内编号为 SAC/TC268）的 5.795GHz～5.815GHz ISM 频段，下行链路 500kbit/s，2-AM；上行链路 250kbit/s，2-PSK 的技术标准。

DSRC 主要由路侧单元（Road-Side Unit，RSU）和车载单元（On-Board Unit，OBU）两部分组成。正是通过路侧单元（RSU）与车载单元（OBU）之间的通信建立，使得机动车辆（装有 OBU）在中速（50～60km/h）情况下通行在装有 RSU 天线的门架时，实现与路边设备的数据交换，实现自动收费、管理、信息交换传输等。

2. 专用短程通信技术在汽车上的应用

我们把专用短程通信技术在汽车上的应用称为专用短程通信汽车自组网技术。在采用专用短程通信汽车自组网技术的车上装备 OBU，相当于装备移动终端。OBU 有比较强的数据处理能力，可以满足 DSRC 的特定需要。RSU 除具有基本通信功能外还拥有一定的管理功能并且接入后备网络。

专用短程通信汽车自组网技术可以让汽车周期性地双向发送、接收和交换、分享车辆的基本行驶信息。其中包括汽车当前的位置信息、行驶方向、行驶速度、行驶路径和车辆的其他信息，并检测行人及其他车辆与当前车辆的距离和危险程度，在必要时（如两辆汽车运行的轨迹有发生碰撞的危险时）向双方驾驶员发出警告。警告会显示在车载显示屏上，并通过语音提示、振动座椅或转向盘来提醒驾驶员。

专用短程通信汽车自组网技术可以让驾驶员清楚地知道其车辆的周边行驶车辆（前、后、左、右、附近）的位置和速度，并且不用担心会有障碍物阻挡视线。例如，当车辆行进时，可以清楚地了解到前方交通拥堵状况；在有障碍物挡住视线的路口，各个路口的车辆情况会显示在显示屏上；当在大型车后侧跟行时，显示屏上也可以显示大型车前面的道路交通情况；在急弯的山路上行驶时，前后方车辆的情况均能实时更新。采用 DSRC 技术的系统示意图如图 5-8 所示。

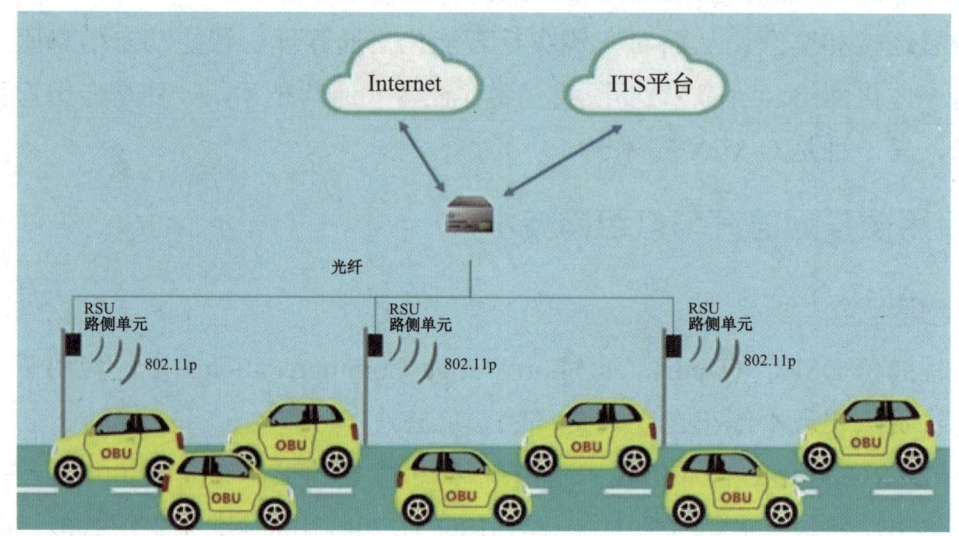

图 5-8 采用 DSRC 技术的系统示意图

3. V2X 车辆通信系统的构成

专用短程通信汽车自组网技术的 V2X 车辆通信系统一般由车载单元（OBU）、路侧单元（RSU）和专用短程通信协议三部分组成。汽车通信主要包括车载单元（OBU）之间的通信（V2V）、车载单元（OBU）与路侧单元（RSU）之间的通信（V2R），以及车载单元/路侧单元和云端网络的通信（V2N）。

（1）车载单元。

车载单元是汽车通信的车载终端，如图 5-9 所示。它主要由通信处理器、射频收发器、GPS 接收器/处理器、车辆 CAN 总线、数据存储器、显示器等组成。其作用主要是接收、存储、定时更新汽车的相关行驶数据，如车速、对方车速、相对车速、行驶方向、对方行驶方向、相对方向、车距、制动信号等，并向其他车辆或路侧单元发送汽车行驶数据，对行驶状况给出预警提示。

（2）路侧单元。

路侧单元一般是指安装在路口交通设施旁或道路旁边的汽车通信设备，主要由通信处理器、射频收发机、数据存储器、交换处理器、通信网关（如需接入其他制式的网络）等组成，一般支持较大容量的信息处理和交换，主要用于交通设施与汽车的通信、交换交通信息（包括交通信号、路况信息等）、提示告警等。路侧单元如图 5-10 所示。

 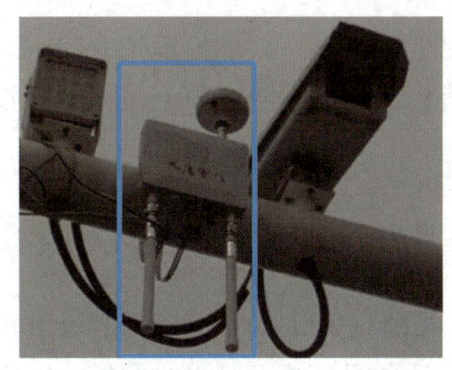

图 5-9 车载单元（OBU）　　　　图 5-10 路侧单元（RSU）

（3）专用短程通信协议。

专用短程通信协议主要是指采用 IEEE 802.11P（由 IEEE 802.11 标准扩充的通信协定）或 LTE 制式（4G 网络制式的无线数据通信技术标准）的用于汽车通信的协议，目前主要有 5.9GHz 频段（5.85GHz～5.925GHz，共 75MHz 频宽）。

4. 专用短程通信汽车自组网技术的指标要求

专用短程通信汽车自组网技术是基于 802.11p、IEEE1609、SAE J2735、SAE J2945 标准的汽车专用短程通信技术。

专用短程通信汽车自组网主要采用的无线频率是美国使用的 5.9GHz 频段。其中，一般是 30MHz 频宽用于交通安全应用，40MHz 频宽用于交通效率管理等非安全类应用。专用短程通信汽车自组网的车载单元单节点覆盖范围最大为 300m。专用短程通信汽车自组网的传输距离需要大于高速路上的安全车距，一般在 100m 左右。路侧站的覆盖范围为 800～1200m。专用短程通信汽车自组网可支持高于 192km/h 的车速。

在响应速度方面，专用短程通信汽车自组网系统延迟时间要求小于 50ms，系统每秒发送 10 次信息，每次发送 11 个数据，包括汽车的 GPS 定位信息、加速度、制动状态、转向盘转角和当前车速等。通信速率一般为 2Mbit/s。专用短程通信汽车自组网系统属于网状网络技术，使用专用短程通信汽车自组网专用短程通信协议，可以支持 4～10 个节点的网状跳跃，大约可以收集 1.6km 范围内的车辆交通行驶状况。

5. 专用短程通信汽车自组网技术的优势

（1）采用分布式控制方式。

（2）支持高速车辆，可支持高于 192km/h 的车速下的动态快速自组网，一般高速路的车速都在其支持范围。

（3）可以随时建立网络，在没有其他通信设施的情况下使用。

（4）无中心的点对点通信，不受固定拓扑结构的限制，不依赖于任何预设的网络基础设施，建网成本低。

（5）DSRC 通信距离短，发射功率较低，功耗和能源消耗较低，工作时长较长。

(6)设备小巧,更换维护方便。

(7)可以成为汽车的内生系统,与车内总线和车内系统协同性好。

二、C-V2X 技术

1. C-V2X 技术的概述

C-V2X(Cellular-Vehicle to Everything)技术,是在 DSRC 技术之后推出的,目的同样是在车辆之间进行直接无线通信。C-V2X 由 3GPP(第三代移动通信标准)组织定义,基于蜂窝调制解调器技术,其接入层与 DSRC 有着本质上的不同,完全不兼容。

C-V2X 中的 C 是指蜂窝(Cellular),它是基于 3G/4G/5G 等蜂窝网通信技术演进形成的车用无线通信技术,包含了两种通信接口(如图 5-11 所示)。一种是车、人、路之间的短距离直接通信接口(PC5),另一种是终端和基站之间的通信接口(Uu),可实现长距离和更大范围的可靠通信。C-V2X 是基于 3GPP 全球统一标准的通信技术,包含 LTE-V2X 和 NR-V2X,从技术演进角度讲,LTE-V2X 支持向 NR-V2X 平滑演进。

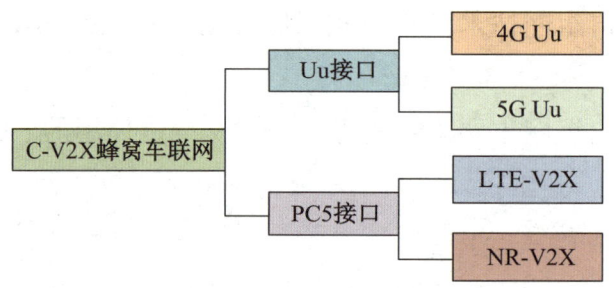

图 5-11　C-V2X 蜂窝车联网的接口分类

现在提到的 C-V2X 是专指 PC5 接口直连这种通信方式,PC5 接口又分为目前已实现的 LTE-V2X(即基于 4G 的 V2X),及尚在完善中的 NR-V2X(即基于 5G 的 V2X)。

2. C-V2X 的软件分层

目前根据汽车方面的几个行业标准和团体标准把 C-V2X 技术分成了接入层、网络层、安全层、应用层等,如图 5-12 所示。

接入层主要是实现无线通信的空口消息收发。Uu 接口和 PC5 接口就在这一层中实现。

网络层可分为管理子层和数据子层。网络层对接入层的数据进行解码,以专用短消息 DSMP 的形式(或 TCP/UDP IP 的形式)向上传递信号。

安全层通过 PKI(公钥基础设施)对数据层的内容进行解签和验签,确保消息的真实性和完整性。在硬件上,安全层往往通过硬件 HSM 来实现快速加解密处理。

应用层又可再细分为消息层和用户应用层。其中,消息层是将网络层、安全层的信号翻译为用户应用程序可适配的信号格式,而用户应用层则包含实现最终应用场景的代码,例如,"绿波"通行引导、前向碰撞预警等功能的代码,就是在用户应用层中实现的。

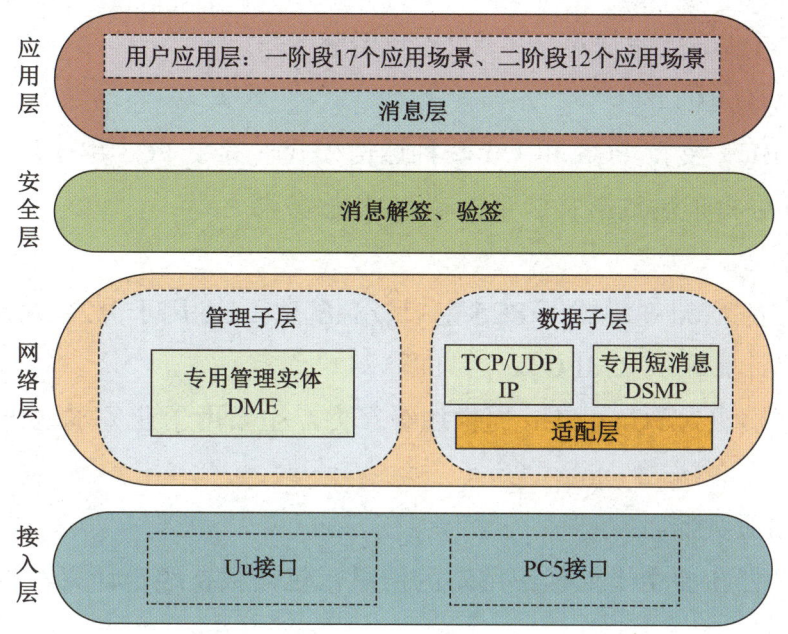

图 5-12　C-V2X 技术的软件分层

3. LTE-V2X 技术的应用

LTE-V2X 是由我国主导的通信技术，于 2015 年在 3GPP 开始标准化工作，支持 PC5 和 Uu 两种通信模式。LTE-V2X 的网络通信架构如图 5-13 所示。

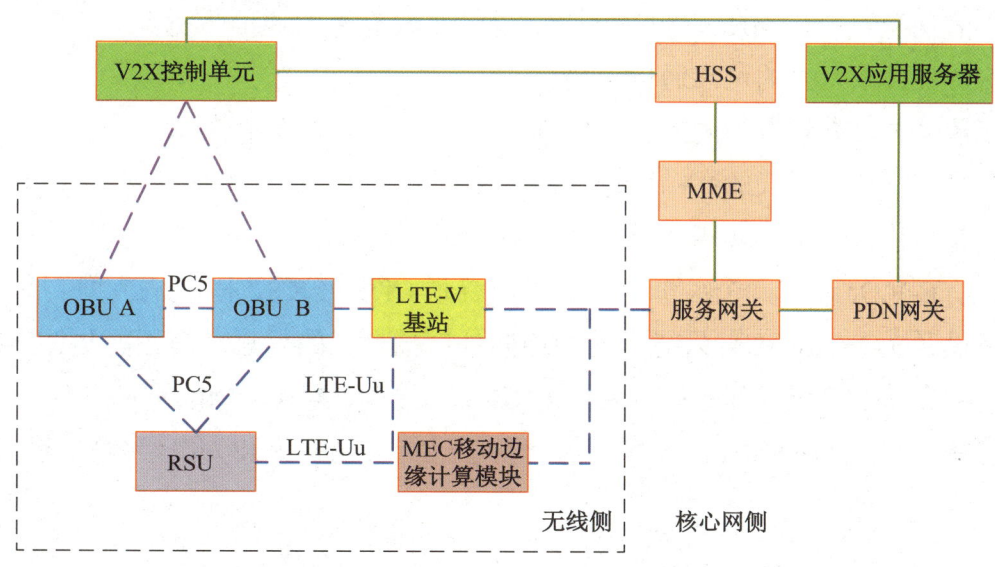

图 5-13　LTE-V2X 的网络通信架构

OBU 与 RSU 之间通过 PC5 接口通信，OBU 与 OBU 之间通过 PC5 接口通信，OBU 与 LTE 基站间通过 Uu 口通信，架构中的关键单元包括以下几部分。

（1）路侧单元（RSU）。

路侧单元 RSU 支持 PC5 和 Uu 两种通信模式，其中 PC5 用于广播 V2R 消息并接收 V2V 消息。同时作为其他路侧设备（如摄像头、雷达等）的数据网关，RSU 将其他路侧设备的数据通过 Uu 或者有线方式发送至云端 V2X 应用服务器。

（2）车载单元（OBU）。

车载单元（OBU）支持 PC5 和 Uu 两种通信模式，其中 PC5 用于广播 V2V 消息并接收 V2R 消息，Uu 可将车端数据发送至云端 V2X 服务器。

（3）LTE-V 基站。

LTE-V 基站支持 Mode3 模式下 PC5 空口资源配置，Uu 用于 V2N 消息的发送及接收。

（4）移动边缘计算模块（MEC）。

移动边缘计算模块为 PC5 及 Uu 提供边缘算力，主要用于业务本地化和低时延的 V2X 业务处理。

（5）V2X 应用服务器。

V2X 应用服务器主要用于处理应用层的消息，包括数据融合计算，输出决策信息并播发给路侧设备。

（6）V2X 控制单元。

V2X 控制单元主要用于业务逻辑控制，提供 PC5 接口的鉴权和设备运维管理等。

4．LTE-V2X 的特点

LTE-V2X 有以下一些技术特点。

（1）通信频率为 5905MHz～5925MHz，保证了较充裕的通信带宽。

（2）支持数百米以上的可靠通信距离。

（3）支持多至 200 辆车之间的信息广播。

（4）支持广播特定格式的高精度地图。

（5）具有与传统单车感知相似的感知信息时延。

另外，LTE-V2X 还有一个很重要的特点，就是 LTE-V2X 技术只支持"广播"，也就是所有车联网设备（OBU/RSU）只能无差别地向外广播自己的信息，而不能与特定的其他车辆实现"单播"或者"组播"。这一特点是 NR-V2X 技术与其最大的区别。

基于这些特点，目前 C-V2X 技术已经具备了进行安全报警和为高级驾驶辅助系统提供辅助的能力。

三、V2X 技术的应用场景

V2X 技术代表了解决现有交通问题的一种可能，交换后的信息经过不断处理优化可整体提升交通效率，减少车辆事故。目前来看，主要的应用场景有以下几个方面。

1．红绿灯车速引导

红绿灯车速引导是根据红绿灯的状态和剩余时长，通过 V2X 系统计算出应该以怎样的速度平顺准确地通过红绿灯，当前方有大型车辆遮蔽时我们依然能够"看到"红绿灯的状态。极为精准的驾驶建议能让车辆以更为平顺和节能的状态跑完全程。

2. 交叉口防碰撞预警

在事故多发的交叉路口，如果车主能够提前获知其他车辆的状态信息，那么就可以及时做出应对措施，避免发生意外。要实现这一目标，就要用到 V2V 技术，也就是让汽车之间建立联系。未来的车辆需通过安装最新的防碰撞程序来使车辆提前"通信"以减少安全事故的发生。在多辆车同时通过交叉路口时，车辆间会进行相互提醒。

3. 识别电子交通标志

得益于 V2R 技术，车辆可以从路侧接收红绿灯、电子交通标志等信息。丰富的信息为车辆驾驶人做出更好的选择提供帮助。通过 V2R 技术及时将限速标志信息传输给车辆，并对驾驶人进行相应的提醒。

4. 感知行人、非机动车

V2P 主要实现保障行人以及非机动车安全的功能。车辆感知行人的方法有很多，除了比较直观的摄像机和各种传感器外，信息互联也是一种有效的办法。行人使用的终端，如手机、平板、可穿戴设备等，都可以实现人与车辆的互联。未来车辆将及时避让行人，避让非机动车，保障彼此间的安全。

5. "绿波"通行

所谓"绿波"通行，是指主干道上的车流依次到达前方各交叉口时，均会遇上绿灯这种"绿波"交通，减少车辆在交叉口的停歇，提高了平均行车速度和通行能力。当车辆通行速度为"绿波"速度（如 60km/h）时，车辆便可"绿波"通行。

设备信息	设备厂家	
	设备名称	
	设备型号	
任务描述	依据下述实训流程完成各环节实训任务。	
项目	作业记录内容	备注
一、前期准备	1. 更换工装和劳保鞋； 2. 按照场地实际情况进行实训分组； 3. 发放实训工单，自备黑色签字笔； 4. 讲清实训纪律。	
二、信息收集	1.（　　）技术可以让汽车周期性地双向发送、接收、交换、分享车辆的基本行驶信息。 　　A. 专用短程通信汽车自组网　　B. C-V2X 　　C. 数据总线　　D. 以太网	

续表

项目	作业记录内容	备注
二、信息收集	2．（判断）路侧单元一般是指安装在车上的汽车通信设备。　　　　（　　） 3．（判断）专用短程通信汽车自组网的车载单元单节点覆盖范围最大为100m。 　　　　　　　　　　　　　　　　　　　　　　　　　　　　　　（　　） 4．可支持高于192km/h车速下的动态快速自组网是（　　）。 　　A．专用短程通信汽车自组网　　　　B．C-V2X 　　C．数据总线　　　　　　　　　　　D．以太网 5．下列通信协议成本最低的是（　　）。 　　A．LIN　　　　B．CAN　　　　C．MOST　　　　D．以太网 6．下列哪项不是CAN通信常用的通信介质？（　　） 　　A．双绞线　　　B．同轴电缆　　C．光导纤维　　D．铜导线 7．（判断）FlexRay具备大量功能以支持面向安全的系统设计。　（　　） 8．MOST总线采用的是（　　）传输。 　　A．双绞线　　　B．同轴电缆　　C．光导纤维　　D．铜导线 9．下列通信协议数据传输速率最高的是（　　）。 　　A．LIN　　　　B．CAN　　　　C．MOST　　　　D．以太网 10．（　　）能实现与Internet的无缝连接，方便车辆网络与地面网络的通信。 　　A．LIN　　　　B．CAN　　　　C．MOST　　　　D．以太网	
三、模块认知	将路侧单元（RSU）和车载单元（OBU）填写在下列方框内。 基础支撑设施：数据远程运输 → 中央应用处理器 → 中央控制中心；本地数据存储 → 应用处理器 → 中央数据存储 车载网络系统	
四、连线题	将属于DSRC或LTE-V2X技术的组成元件用线连接起来。 车载单元（OBU）　V2X应用服务　V2X控制单元　路测单元（RSU） MEC　　　　　　　　　　　　　　　　　　　　　　　LTE-V基站 DSRC技术　　　　　LTE-C2X技术	
五、知识拓展	通过搜集资料，列举出车联网（V2X）技术的应用场景。	
六、现场恢复	（不需要填写）	

宇通车联网为全球用户带来智能网联新体验

宇通客车扎根客户体验一线，走创新之路，持续完善"车联网整体数字化解决方案"，扩大品牌影响力，秉承着"为客户创造更大价值"的核心理念，宇通车联网积极拓展海外服务能力，为全球用户带来了"更安全、更高效、更节能、更舒适"的智能网联新体验。

在保加利亚，宇通车联网提供了满足欧洲标准的充电桩管理能力，实现对第三方充电桩的数据实时采集和监控，帮助客户对车辆充电能耗实现精细管理和准确的车辆充电调派。

在芬兰，宇通车联网通过电子围栏等功能，实现车辆能够对特定区域的智能识别，保证车辆合规行驶，降低司机驾驶强度及违规事件发生概率。同时，还可对空调等主要零部件进行远程设置，让车内环境更舒适，提高乘客乘车满意度。

在丹麦，宇通车联网车队管理系统可以根据客户的各项实际使用需求，对乘客服务、售票管理、各类智能终端和部件监控以及车辆维修及场站管理等提供定制化方案。使其从"经验调度"向"可视化调度"、从"粗放管理"向"集约化管理"转变，大大提高车队管理效率，降低运营成本。

在德国，宇通车联网产品负责人受邀参加德国智能交通展，与全球的智能交通代表一同向欧洲客户，分享宇通车联网海外车队管理系统在智能车辆运营、站务管理、数字化调度管理中的技术创新和应用情况。

怀着创新走向世界的梦想，宇通车联网将"中国制造"的旗帜插到了全球各地；秉着"为客户创造更大价值"的服务理念，宇通车联网对创造文明和谐的社会环境做出了贡献；坚持着"安全、生产、节能、舒适"的工作方针，宇通车联网将助力加速实现伟大的中国梦！

中国制造通过自主创新已经走向了全世界，伴随着智能网联汽车的发展，我们伟大的强国梦已不再遥远。青年兴则国家兴，青年强则国家强。新时代的大学生要勇敢肩负起时代赋予的重任，志存高远，脚踏实地，努力在实现中华民族伟大复兴的中国梦的生动实践中放飞青春梦想。

1. 描述智能汽车车载网络的构成体系。

2．描述 CAN、LIN、FlexRay、MOST、以太网这些网络总线的特点。

3．LTE-V2X 有哪些技术特点？

4．简述车外网（V2X）技术的应用场景。

高级驾驶辅助系统

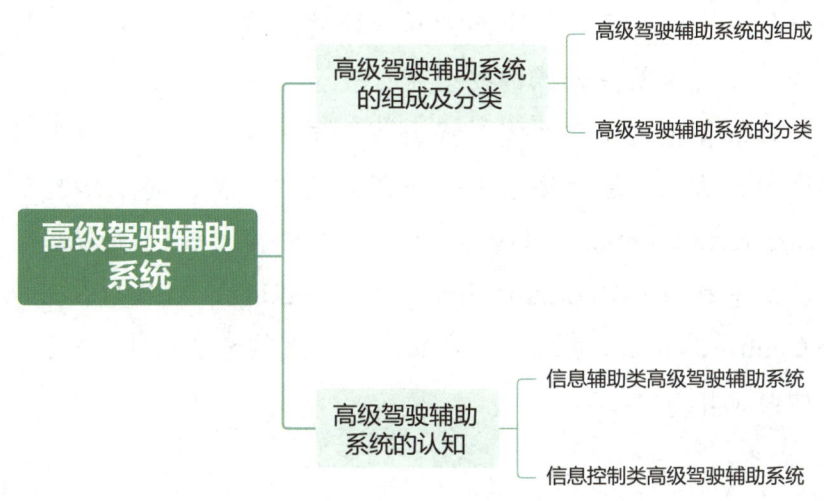

📖 知识目标

1. 能够对高级驾驶辅助系统进行分类;
2. 能够讲述高级驾驶辅助系统的定义、组成及工作原理;
3. 能够对高级驾驶辅助系统部分功能组件进行检测与调试。

📐 技能目标

1. 能够根据实训台架讲述高级驾驶辅助系统的定义及组成;
2. 能够操作实训台架对应的高级驾驶辅助功能;
3. 能够进行高级驾驶辅助系统部分功能组件的检测与调试。

🏅 素养目标

1. 培养学生严谨的科学态度、积极向上的思想;
2. 培养学生主动拓宽知识面和自主学习的能力。

任务 1 高级驾驶辅助系统的组成及分类

情景引入

交通事故一直以来都是公众生命安全和财产安全的重大威胁，为了改善道路交通安全状况、降低交通事故发生率，国内外众多的科研机构、汽车企业投入大量精力在汽车安全防护系统的研究和开发上。从一开始的安全带、安全气囊等被动安全设备，到防抱死制动系统、牵引力控制系统等主动安全系统，安全防护发展至今，装备高级驾驶辅助系统已成为大趋势。正是因为科研工作者严谨求实、不断创新的精神，高级驾驶辅助系统，如车道偏离预警（Lane Departure Warning，LDW）系统、前向碰撞预警（Forward Collision Warning，FCW）系统、自动紧急制动（Automatic Emergency Braking，AEB）系统和自适应巡航控制（Adaptive Cruise Control，ACC）系统等，才取得了巨大的进步。什么是高级驾驶辅助系统，它由什么组成，如何工作？

资讯信息

高级驾驶辅助系统（Advanced Driver Assistance Systems，ADAS），也称先进驾驶辅助系统，是利用安装在车辆上的传感、通信、决策及执行等装置，实时监测驾驶员、车辆及其行驶环境，并通过图像、灯光、声音、触觉提示、警告、控制等方式辅助驾驶员执行驾驶任务或主动避免/减轻碰撞危害的各类系统的总称，如图6-1所示。

图 6-1 高级驾驶辅助系统

一、高级驾驶辅助系统的组成

高级驾驶辅助系统由环境感知单元、信息处理单元和控制执行单元组成，环境感知单元是高级驾驶辅助系统的"眼睛"，信息处理单元是高级驾驶辅助系统的"大脑"，控制执行单元是高级驾驶辅助系统的"手脚",如图 6-2 所示。

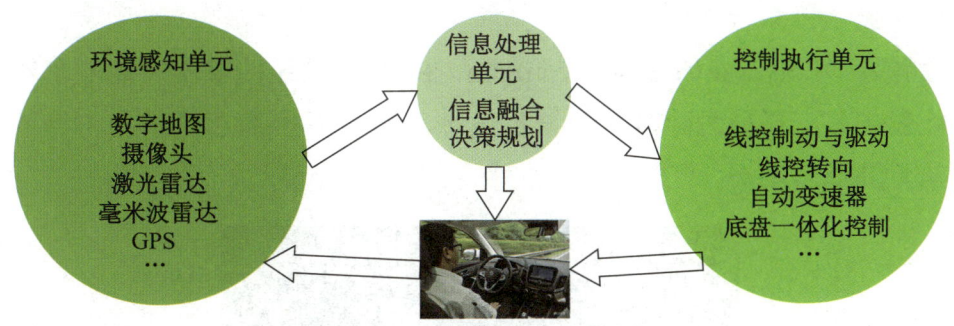

图 6-2 高级驾驶辅助系统的组成

1. 环境感知单元

环境感知单元主要通过安装在智能网联汽车上的智能传感器或 V2X 通信技术获取行人、车辆、道路、交通标志和交通信号灯等信息,并把这些信息传输给信息处理单元。智能传感器主要包括超声波雷达、毫米波雷达、视觉传感器和激光雷达及它们的融合,V2X 通信技术主要包括 V2N(车与云端)、V2P(车与人)、V2V(车与车)和 V2R(车与路)。

2. 信息处理单元

信息处理单元接收环境感知单元的信息,并进行行人识别、车辆识别和道路识别等,根据识别的结果进行高级驾驶辅助系统的功能计算。信息处理单元主要包括硬件 CPU 或 GPU 和软件算法,软件算法趋向于智能化,把机器学习、深度学习等方法应用于信息的处理上,以提高处理的速度和准确度。

3. 控制执行单元

控制执行单元接收信息处理单元的指令,执行驾驶员预警或执行控制车辆指令,保障车辆安全行驶。高级驾驶辅助系统有几十种类型,每种类型的环境感知单元、信息处理单元和控制执行单元都不相同。即便是同一种类型,不同厂商的产品也不一样,特别是环境感知单元的智能传感器和信息处理单元的算法,差别是非常大的。

二、高级驾驶辅助系统的分类

高级驾驶辅助系统按照环境感知单元的不同可以分为自主式(单车智能)和网联式两种。自主式高级驾驶辅助系统基于车载传感器完成环境感知,依靠车载中央控制系统进行分析决策,技术比较成熟;网联式高级驾驶辅助系统基于 V2X 通信完成环境感知,依靠云端大数据进行分析决策,进而控制车辆,目前商用化的大多为自主式高级驾驶辅助系统。本书讲述的高级驾驶辅助系统主要是自主式高级驾驶辅助系统。

自主式高级驾驶辅助系统可以分为信息辅助类和信息控制类两种。

1. 信息辅助类高级驾驶辅助系统

（1）前向碰撞预警系统。

前向碰撞预警（Forward Collision Warning，FCW）系统能够实时监测车辆前方行驶环境，并在可能发生前向碰撞危险时发出警告信息，如图 6-3 所示。前向传感器探测障碍物并发出报警信息提示驾驶员。

图 6-3　前向碰撞预警系统

（2）后向碰撞预警系统。

后向碰撞预警（Rear Collision Warning，RCW）系统能够实时监测车辆后方环境，并在可能受到后方碰撞危险时发出警告信息，如图 6-4 所示。后向传感器探测障碍物并发出报警信息提示驾驶员。

图 6-4　后向碰撞预警系统

（3）车道偏离预警系统。

车道偏离预警（Lane Departure Warning，LDW）系统能够实时监测车辆在本车道的行驶状态，并在出现或即将出现非驾驶意愿的车道偏离时发出警告信息，提示驾驶员，如图 6-5 所示。

图 6-5 车道偏离预警系统

（4）变道预警系统。

变道预警（Lane Changing Warning，LCW）系统能够在车辆变道过程中，实时监测相邻车道，当车辆侧方或侧后方出现可能与本车发生碰撞危险的其他道路使用者时发出警告信息，如图 6-6 所示。

图 6-6 变道预警系统

（5）盲区监测系统。

盲区监测（Blind Spot Detection，BSD）系统能够实时监测驾驶员视野盲区，并在其盲区内出现其他道路使用者时发出提示或警告信息，如图 6-7 所示。

图 6-7 盲区监测系统

（6）侧面盲区监测系统。

侧面盲区监测（Side Blind Spot Detection，SBSD）系统能够实时监测驾驶员视野的侧方及侧后方盲区，并在其盲区内出现其他道路使用者时发出提示或警告信息，如图6-8所示。

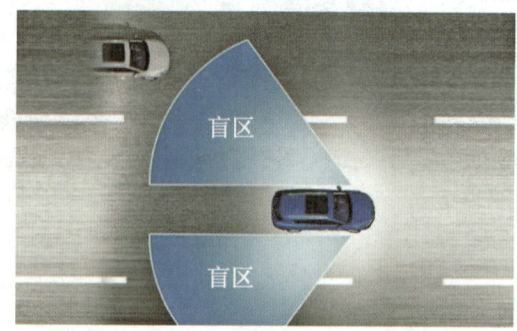

图6-8　侧面盲区监测系统

（7）转向盲区监测系统。

转向盲区监测（Steering Blind Spot Detection，STBSD）系统能够在车辆转向过程中，实时监测驾驶员转向盲区，并在其盲区内出现其他道路使用者时发出警告信息，如图6-9所示。

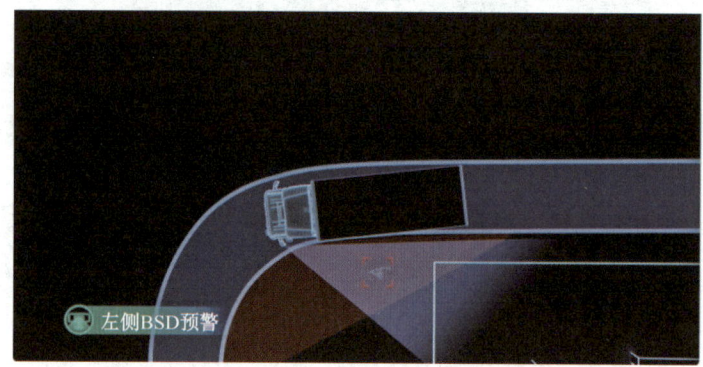

图6-9　转向盲区监测系统

（8）后方交通穿行提示系统。

后方交通穿行提示（Rear Cross Traffic Alert，RCTA）系统能够在车辆倒车时，实时监测车辆后部横向接近的其他道路使用者，并在可能发生碰撞危险时发出警告信息，如图6-10所示。

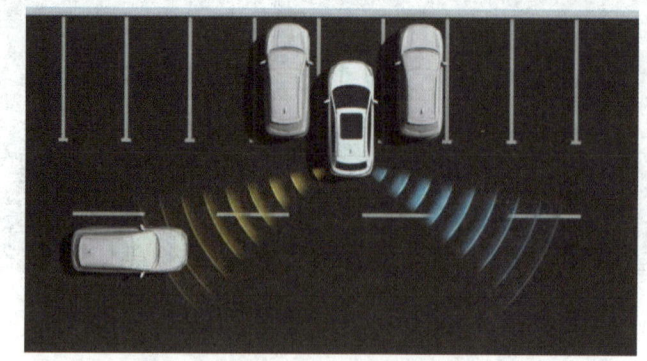

图6-10　后方交通穿行提示系统

（9）车门开启预警系统。

车门开启预警（Door Open Warning，DOW）系统能够在停车状态即将开启车门时，监测车辆侧方及侧后方的其他道路使用者，并在可能因车门开启而发生碰撞危险时发出警告信息，如图 6-11 所示，车门开启预警系统监测范围为图 6-11 所示的方框内范围。

图 6-11　车门开启预警系统

（10）驾驶员疲劳预警系统。

驾驶员疲劳预警（Driver Fatigue Warning，DFW）系统能够实时监测驾驶员状态，并在驾驶员出现疲劳特征（如眨眼睛、打哈欠等）时发出提示信息，如图 6-12 所示。

图 6-12　驾驶员疲劳预警系统

（11）驾驶员注意力监测系统。

驾驶员注意力监测（Driver Attention Monitoring，DAM）系统能够实时监测驾驶员状态，并在确认其注意力分散（如玩手机、低头等）时发出提示信息，如图 6-13 所示。目前的驾驶员疲劳预警系统一般包括驾驶员注意力监测功能。

图 6-13　驾驶员注意力监测系统

(12) 交通标志识别系统。

交通标志识别（Traffic Signs Recognition，TSR）系统能够自动识别车辆行驶路段的交通标志（如限速、限高等）并发出提示信息，如图 6-14 所示。

图 6-14　交通标志识别系统

(13) 智能限速提示系统。

智能限速提示（Intelligent Speed Limit Information，ISLI）系统能够自动获取车辆当前条件下所应遵守的限速信息并实时监测车辆行驶速度，当车辆行驶速度不符合或即将超出限速范围时适时发出提示信息，如图 6-15 所示。

图 6-15　智能限速提示系统

(14) 抬头显示系统。

抬头显示（Head-Up Display，HUD）系统能够将信息显示在驾驶员正常驾驶时的视野范围内，一般在驾驶员侧前挡风玻璃上，使驾驶员不必低头就可以看到相应的信息，如图 6-16 所示。

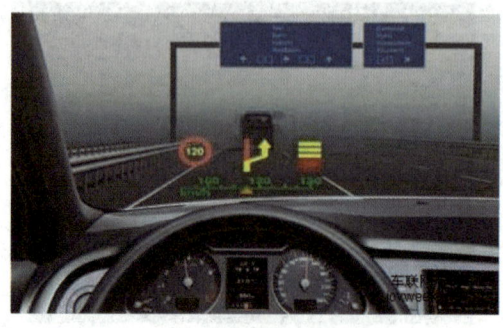

图 6-16　抬头显示系统

（15）夜视辅助系统。

夜视辅助（Night Vision Assist，NVA）系统能够通过红外线或热成像摄像机在夜间或其他弱光行驶环境中为驾驶员提供视觉辅助或显示警告信息，如图6-17所示。

图6-17　夜视辅助系统

（16）全景影像监测系统。

全景影像监测（Around View Monitoring，AVM）系统能够向驾驶员提供车辆周围360°范围内环境的实时影像信息，以监测车身周围状态，如图6-18所示。

图6-18　全景影像监测系统

2. 信息控制类高级驾驶辅助系统

（1）自动紧急制动系统。

自动紧急制动（Advanced/Automatic Emergency Braking，AEB）系统能够实时监测车辆前方行驶环境，在车辆前方有障碍物（如前行汽车、行人等），并可能发生碰撞危险时自动启动车辆制动系统使车辆减速，以避免碰撞或减轻碰撞后果，如图6-19所示。

（2）紧急制动辅助系统。

紧急制动辅助（Emergeney Braking Assist，EBA）系统能够实时监测车辆前方行驶环境，当有障碍物并可能发生碰撞时，提前采取措施，以减少制动响应时间并在驾驶员采取制动操作时辅助增加制动压力，以避免碰撞或减轻碰撞后果，如图 6-20 所示。

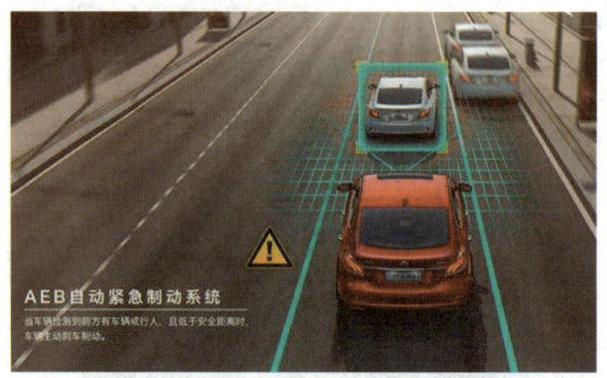

图 6-19　自动紧急制动系统

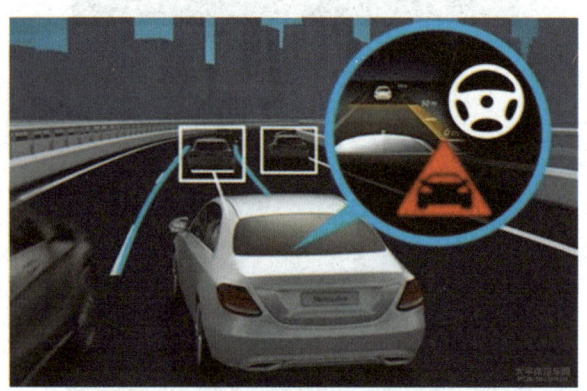

图 6-20　紧急制动辅助系统

（3）紧急转向辅助系统。

紧急转向辅助（Emergency Steering Assist，ESA）系统实时监测车辆前方、侧方及侧后方行驶环境，当检测到障碍物，可能发生碰撞且驾驶员有明显的转向意图时辅助驾驶员进行转向操作，如图 6-21 所示。

图 6-21　紧急转向辅助系统

（4）智能限速控制系统。

智能限速控制（Intelligent Speed Limit Control，ISLC）系统能够自动获取车辆当前条件下应遵守的限速信息并实时监测车辆行驶速度，辅助驾驶员控制车辆行驶速度，以使其保持在限速范围之内，如图6-22所示。

图6-22 智能限速控制系统

（5）车道保持辅助系统。

车道保持辅助（Lane Keeping Assist，LKA）系统能够实时监测车辆与车道边线的相对位置，持续或在必要情况下控制车辆横向运动，使车辆保持在原车道内行驶，如图6-23所示。

图6-23 车道保持辅助系统

（6）车道居中控制系统。

车道居中控制（Lane Centering Control，LCC）系统能够实时监测车辆与车道边线的相对位置，持续自动控制车辆横向运动，使车辆始终在车道中央区域行驶，如图6-24所示。

（7）车道偏离抑制系统。

车道偏离抑制（Lane Departure Prevention，LDP）系统能够实时监测车辆与车道边线的相对位置，在车辆将发生车道偏离时，控制车辆横向运动，辅助驾驶员将车辆保持在原车道内行驶，如图6-25所示。

图 6-24 车道居中控制系统

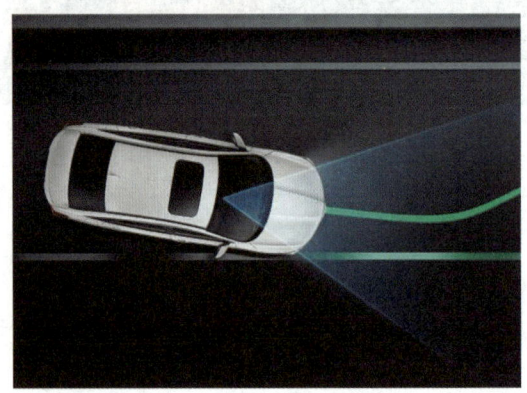

图 6-25 车道偏离抑制系统

（8）自适应巡航控制系统。

自适应巡航控制（Adaptive Cruise Control，ACC）系统能够实时监测车辆前方行驶环境，在设定的速度范围内自动调整行驶速度，根据前车加减速状态，自动调整车辆行驶速度，以适应前方车辆和道路条件等引起的驾驶环境变化，如图 6-26 所示。

图 6-26 自适应巡航控制系统

（9）全速自适应巡航控制系统。

全速自适应巡航控制（Full Speed Range Adaptive Cruise Control，FSRA）系统能够实时监测车辆前方行驶环境，在设定的速度范围内自动调整行驶速度，并具有减速至停止及从停止状态自动起步的功能，以适应前方车辆和道路条件等引起的驾驶环境变化，如图 6-27 所示。

图 6-27　全速自适应巡航控制系统

（10）交通拥堵辅助系统。

交通拥堵辅助（Traffic Jam Assist，TJA）系统能够在车辆低速通过交通拥堵路段时，根据车辆前方及相邻车道行驶环境的实时情况，自动控制车辆进行横向和纵向运动，其中部分功能的使用需经过驾驶员的确认，如图 6-28 所示。

图 6-28　交通拥堵辅助系统

（11）智能泊车辅助系统。

智能泊车辅助（Intelligent Parking Assist，IPA）系统能够在车辆泊车时，自动检测泊车空间，并为驾驶员提供泊车指示和方向控制等辅助功能，如图 6-29 所示。

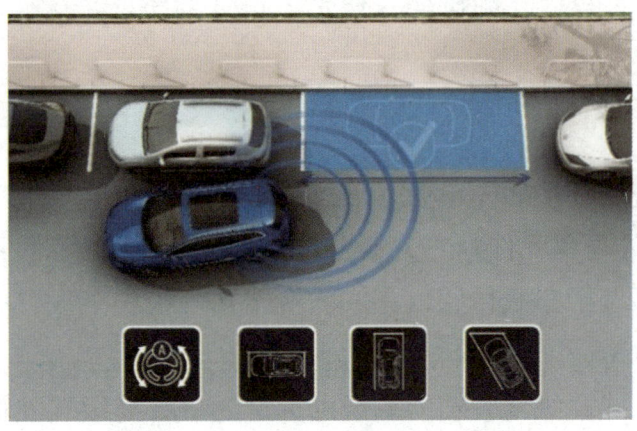

图 6-29　智能泊车辅助系统

（12）自适应前照灯系统。

自适应前照灯（Adaptive Front Light，AFL）系统能够根据车辆行驶及外部环境，自动进行近光、远光切换或投射范围控制，为车辆各种使用环境提供不同类型的光束，如图6-30所示。

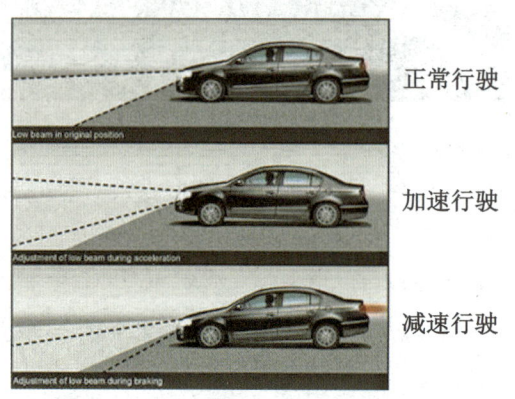

图6-30　自适应前照灯系统

（13）自适应远光灯系统。

自适应远光灯（Adaptive Driving Beam，ADB）系统能够根据会车情况，自动调整远光灯的投射范围以减少对前方或对向其他车辆驾驶员炫目干扰，提升驾驶安全性，如图6-31所示。

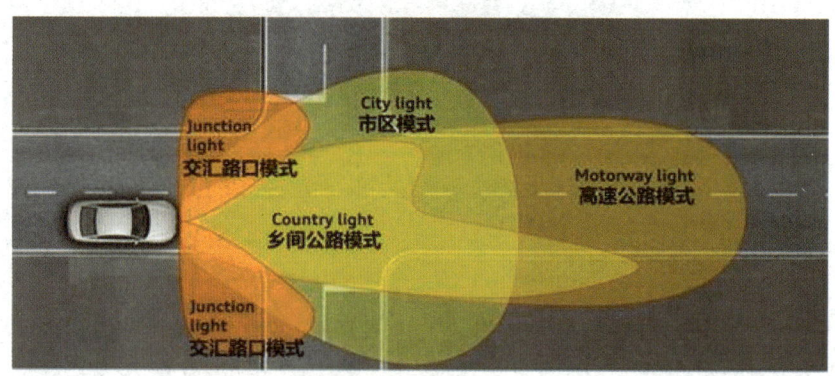

图6-31　自适应远光灯系统

总结与拓展

高级驾驶辅助系统由环境感知单元、信息处理单元和控制执行单元组成，环境感知单元作为"眼睛"，信息处理单元作为"大脑"，控制执行单元作为"手脚"，辅助车辆更好、更快、更安全地行驶。基于车载传感器完成环境感知，依靠车载中央控制系统进行分析决策，技术成熟。

本章节主要对自主式高级驾驶辅助系统进行讲述，将高级驾驶辅助系统分为信息辅助类和信息控制类两种，信息辅助类主要对驾驶员的驾驶行为进行报警提示，不对车辆进行主动控制，但信息控制类在监测到障碍物等信息后不仅可以预警而且必要时可以主动控制车辆做出相应动作，以保证驾驶安全。

任务实施

车辆信息	整车型号		
	车辆识别代码		
项目	作业记录内容		备注
一、前期准备			
二、任务目标	各组能够讲述高级驾驶辅助系统的定义及分类，通过讨论及交流，加深对已学内容的理解。		
三、任务描述	分组讨论高级驾驶辅助系统的分类及定义。		
四、实施步骤（采用分组，组别之间进行问答的方式，不同组之间来对相互提出的问题进行回答）	1. 分组 	组别	人员名单
---	---
		  2. 讨论 	序号	题目	答题重点	备注
1	高级驾驶辅助系统的组成		
2	信息辅助类高级驾驶辅助系统的分类及定义		
3	信息控制类高级驾驶辅助系统的分类及定义		
4	……		
五、评价	评价：（优、良、中、差） 		自我评价	学生互评	老师评价	总评
---	---	---	---	---
实训情况				
实训态度							

续表

项目	作业记录内容	备注
六、总结		
七、现场恢复	（不需要填写）	

任务 2　高级驾驶辅助系统的认知

情景引入

交通事故的发生多源于驾驶员开车时的疏忽大意，要是能提前判断车距、提供预警给驾驶员，剐蹭磕碰类事故就会明显减少。通过辅助驾驶可以实现这样的预警。对应的这些辅助驾驶功能是如何工作的、系统组成又有哪些？

资讯信息

高级驾驶辅助系统可以分为信息辅助类和信息控制类两种，信息辅助类高级驾驶辅助系统主要通过仪表反馈信息来警示驾驶员，以提高驾驶安全性，主要包括前向碰撞预警系统、车道偏离预警系统、盲区监测系统、抬头显示系统、夜视辅助系统、驾驶员疲劳预警系统等。信息控制类高级驾驶辅助系统不仅可以通过仪表反馈信息警示驾驶员，同时还可以主动控制车辆改变车辆当前状态，以提高驾驶安全性，信息控制类高级驾驶辅助系统主要包括车道保持辅助系统、自动紧急制动系统、自适应巡航控制系统、智能泊车辅助系统、自适应前照灯系统等。

一、信息辅助类高级驾驶辅助系统

1. 前向碰撞预警系统

（1）前向碰撞预警系统的定义。

前向碰撞预警（FCW）系统主要是利用车载传感器（如视觉传感器、超声波雷达等）实时监测前方障碍物，判断本车与障碍物的距离、相对速度及方位角，当系统判断出车辆存在潜在危险时，将对驾驶员进行警告，提醒驾驶员进行制动，保障行车安全，如图 6-32、

图 6-33 所示。前向碰撞预警系统本身不对车辆进行主动控制。当车速达到设定车速时，前向碰撞预警系统自动启动。

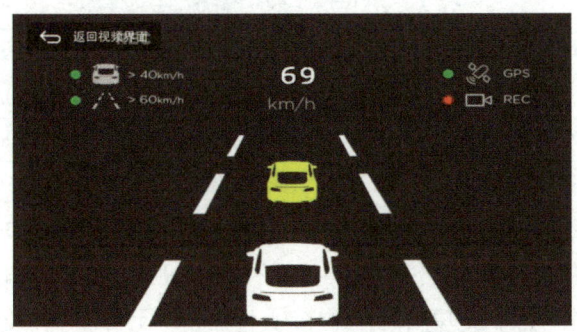

图 6-32　前向碰撞预警系统

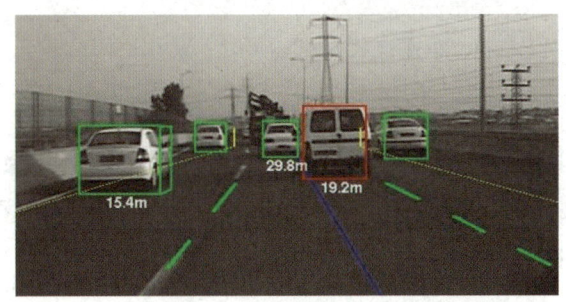

图 6-33　基于车载传感器的前向碰撞预警系统

前向碰撞预警系统的报警方式主要有声音提示、指示灯闪烁、转向盘振动和安全带收紧等。

车载传感器适用于短距离检测，但不能检测较远距离或非视距内的车辆，而且受恶劣天气影响较大，未来前向碰撞预警系统将采用车载传感器与 V2X 通信技术相结合的方式，以获取更多更准确的信息。

利用 V2X 通信技术可及时获取其他运行车辆的信息和周围环境路况和车辆信息，进而由碰撞预警算法判断是否存在碰撞的风险，并根据危险级别提前报警，提早警示驾驶员采取避险措施，提高道路安全性，如图 6-34 所示。V2X 通信技术具有通信距离长、不受天气或亮度影响的优点。

图 6-34　基于 V2X 通信技术的前向碰撞预警系统

根据适用的道路水平方向曲率半径不同，前向碰撞预警系统分三类，见表6-1。

表6-1　前向碰撞预警系统的分类

分类	道路水平方向曲率半径	说明
Ⅰ型系统	≥500m	具有在曲率半径不低于500m的道路上检测到前车的能力
Ⅱ型系统	≥250m	具有在曲率半径不低于250m的道路上检测到前车的能力
Ⅲ型系统	≥125m	具有在曲率半径不低于125m的道路上检测到前车的能力

（2）前向碰撞预警系统的组成。

前向碰撞预警系统由信息采集单元、电子控制单元和人机交互单元组成，如图6-35所示。

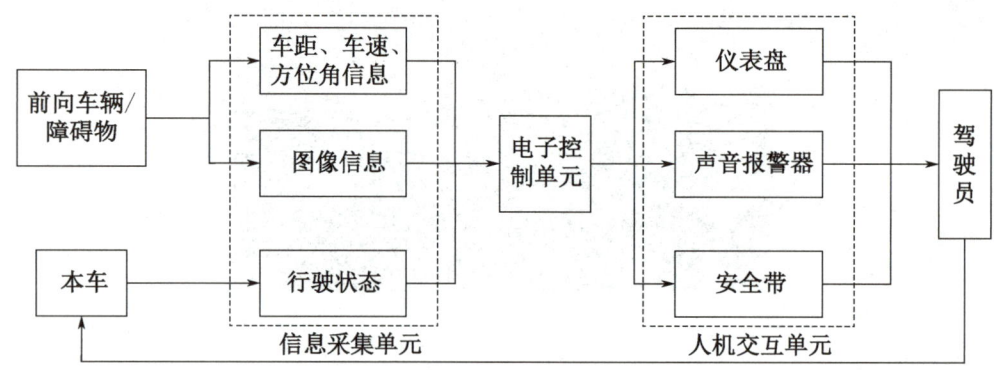

图6-35　前向碰撞预警系统的组成

① 信息采集单元

信息采集单元主要利用安装在前向的毫米波雷达采集前向车辆或障碍物的距离、速度和方位角等信息，利用前置视觉传感器采集前向车辆或障碍物的图像信息，利用本车（配有前向碰撞预警系统的车辆）的车速传感器和加速度传感器采集本车速度和加速度等行驶状态信息。

② 电子控制单元

电子控制单元主要对前向车辆或障碍物的图像信息和距离、速度等信息进行融合，确定障碍物的类型和距离，结合车辆本身的行驶状态信息，采用一定的决策算法，评估是否存在潜在的碰撞风险。如果车辆以当前车速行驶与障碍物的距离低于安全距离，可能存在碰撞风险，则电子控制单元向人机交互单元发出预警指令。

③ 人机交互单元

人机交互单元主要接收由电子控制单元传来的指令，根据预警程度或级别，进行相应预警信息的发布。如在仪表盘或抬头显示区域显示预警信息或闪烁预警图标、发出报警声音和收紧安全带等，提醒驾驶员采取措施进行规避。驾驶员接到预警信息后对本车采取制动行为，若碰撞风险消失，则碰撞警报解除。

（3）前向碰撞预警系统的工作原理。

前向碰撞预警系统通过前向传感器获取的道路信息对前方车辆进行识别和跟踪，如果有车辆被识别出来，对前方车距进行测量，并且根据当前车速和安全车距预警模型判断是否存在追尾的可能，一旦存在追尾危险，便根据预警规则及时给予驾驶员预警提示。图6-36为前向碰撞预警系统的工作原理图。

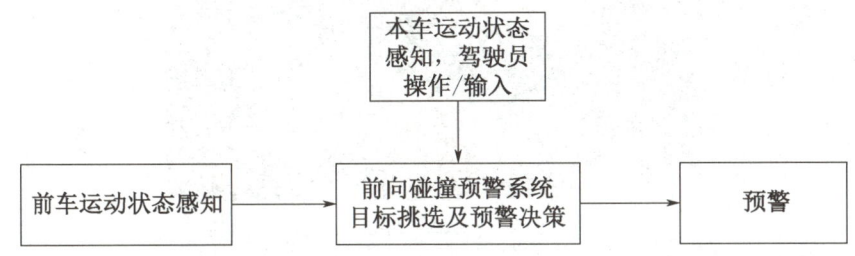

图6-36　前向碰撞预警系统的工作原理

（4）前向碰撞预警系统的应用实例。

目前搭载有前向碰撞预警系统的车型较多，前向碰撞预警系统能够在车距过小时主动发出报警信息，能够较好地避免由于跟车距离过小而发生的车辆追尾事故。

宇通智能网联汽车小宇如图6-37所示，它拥有前向碰撞预警（FCW）系统、车道偏离预警（LDW）系统、自动紧急制动（AEB）系统等多种高级驾驶辅助系统。小宇的前向碰撞预警系统使用的是毫米波雷达。

图6-37　宇通小宇智能网联汽车

2. 车道偏离预警系统

（1）车道偏离预警系统的定义。

车道偏离预警（LDW）系统根据前方道路环境和车辆位置关系，以及识别出的车道线，判断车辆是否有偏离车道的趋势并及时对驾驶员进行提醒，防止由于驾驶员疏忽造成的车道偏离事故的发生。它通过传感器获取前方道路信息，结合车辆自身的行驶状态和预警时间等相关参数，判断车辆是否有偏离当前所处车道的趋势，如果车辆有偏离且驾驶员没有打转向灯，则通过视觉、听觉或触觉的方式向驾驶员发出警报。如图 6-38 所示为转向盘振动提示。

图 6-38　车道偏离预警系统转向盘振动提示

车道偏离预警系统可以在行车过程中，通过自动或手动的方式开启，监控汽车的行驶轨迹。预警信号有仪表盘警示图标、声音提示、座椅或者转向盘振动等。车道偏离预警系统分类见表 6-2，系统应至少在其中一种弯道曲率半径下预警。

表 6-2　车道偏离预警系统分类

参数	分类	
	Ⅰ类	Ⅱ类
曲率半径/m	≥500	≥250
行驶速度/（m/s）	≥20	≥17

（2）车道偏离预警系统的组成。

车道偏离预警系统由信息采集单元、电子控制单元和人机交互单元等组成，如图 6-39 所示。在该系统中，所有的信息均以数字信号进行传递，一般通过 CAN 总线或以太网进行信息传输。

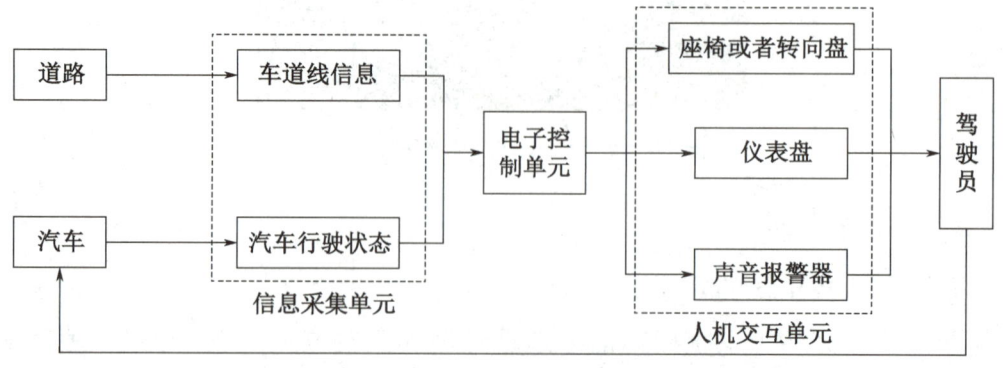

图 6-39　车道偏离预警系统的组成

① 信息采集单元

信息采集单元主要用于实现车道线和汽车行驶状态信息的采集。针对不同的道路条件和传感器类型，可采用不同的车道线检测方式。其中视觉传感器定位的方式应用较为广泛。汽车行驶状态采集的信息主要包括车速、加速度、转向角等。在完成所有信息数据的采集后，信息采集单元需要对数据进行模数转换，并传输给电子控制单元。

② 电子控制单元

电子控制单元作为整个系统的核心，对所有的数据进行集中处理。在处理车道线信息时，由于传感器的测量存在误差，因此需要对其进行误差修正，最后综合判断汽车是否存在非正常偏离车道，如果发生非正常偏离，就发出预警信息。

③ 人机交互单元

人机交互单元通过仪表盘警示图标、声音报警器、座椅或转向盘振动等一种或多种方式向驾驶员提示系统当前的状态，当存在车道偏移时，提醒驾驶员及时修正行驶方向，并可以根据偏移量的大小，使用不同级别的方式进行预警。

（3）车道偏离预警系统的工作原理。

车道偏离预警系统正常工作时，信息采集单元将采集车道线的位置、车速、转向角等信息，电子控制单元将所有的数据转换到统一的坐标系下进行分析处理，从而获得汽车在当前车道中的位置信息，并判定汽车是否发生非正常的车道偏离。当检测到在未开启转向灯的情况下，汽车距离当前车道线过近且可能偏入邻近车道时，人机交互单元就会通过仪表盘警示图标、声音报警器、座椅或转向盘振动等方式发出警告，提醒驾驶员注意纠正这种无意识的车道偏离，及时回到当前行驶的车道上，从而减少车道偏离事故的发生。为了能够给驾驶员提供更多的反应时间和操控时间，车道偏离预警系统需要在偏离车道线之前发出提示。如果转向灯在开启状态，电子控制单元判断为正常进行变道行驶时，则车道偏离预警系统不会做出任何提示。

车道偏离预警系统的功能构成如图 6-40 所示，其中抑制请求、车速测量、驾驶员优先选择和其他附加功能是可选要求。

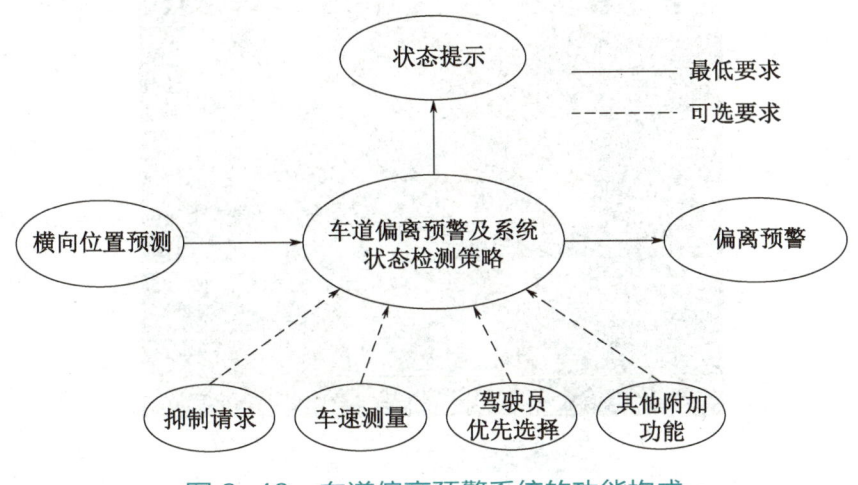

图 6-40　车道偏离预警系统的功能构成

抑制请求是指当探测到驾驶员有意要偏离车道时，根据驾驶员的请求或系统功能而禁止系统发出预警；偏离预警是指在没有抑制请求的前提下，因满足车道偏离预警条件而向驾驶员发出预警；状态提示是对系统当前所处状态的提示，如系统开或关、系统故障、系统失效等。

基于视觉传感器的车道偏离预警系统工作原理如图 6-41 所示，该系统使用车载视觉传感器对行驶车道进行拍摄，并将获得的图像，输入给电子控制单元，由它处理图像并辨识车道线信息；根据识别到的车道线信息，判断汽车当前位置及汽车是否已经偏离正常的车道，若存在车道偏离现象，则发出预警信息，提醒驾驶员纠正偏离车道的汽车。

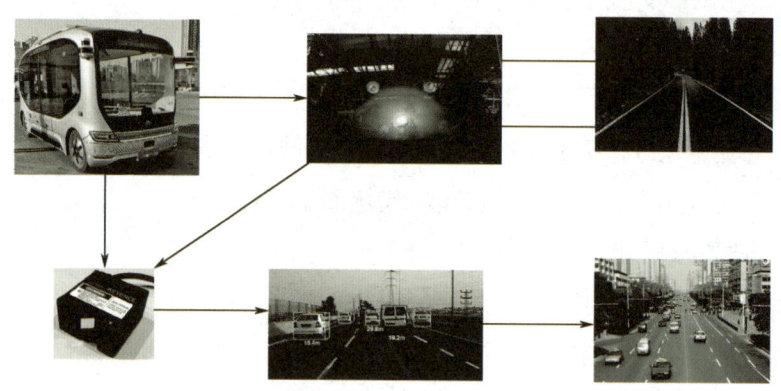

图 6-41　基于视觉传感器的车道偏离预警系统工作原理

3. 盲区监测系统

（1）盲区监测系统的定义。

盲区监测（BSD）系统在驾驶员超车或变道时，通过传感器监测外后视镜盲区内是否有其他可能会引起碰撞的障碍物，并通过视觉信号或听觉信号对驾驶员进行提醒，从而消除视野盲区，提高行车安全性。该系统仅起到辅助作用，并不会采取任何自主控制行为来阻止可能发生的碰撞，驾驶员需要对车辆的安全操作负责。盲区监测系统如图 6-42 所示。

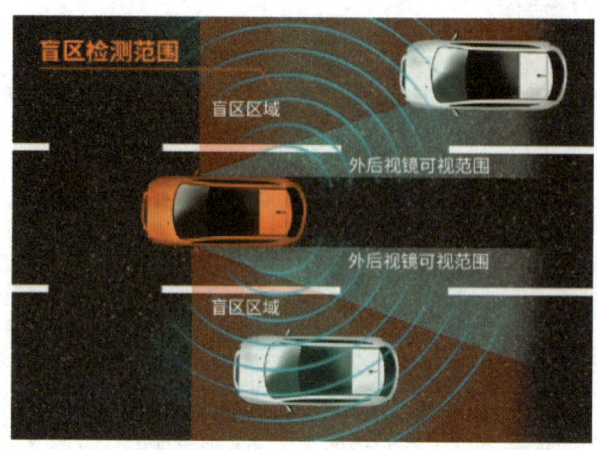

图 6-42　盲区监测系统

盲区监测系统的功能除车辆的监测以外，还应包括行人、骑行人员的监测及高速公路弯道的监测与识别等。

盲区监测系统还可以进一步拓展出其他高级驾驶辅助功能，如变道预警（LCW）、后方交通穿行提示（RCTA）、车门开启预警（DOW），如图6-43所示。

① 变道预警是在车辆变道过程中，实时监测相邻车道，当车辆侧方或侧后方出现可能与本车发生碰撞危险的障碍物时发出警告信息。

② 后方交通穿行提示是在车辆倒车时，实时监测车辆后部横向接近的其他障碍物，并在可能发生碰撞危险时发出警告信息，并不会主动控制车辆。

③ 车门开启预警是在停车状态即将开启车门时，实时监测车辆侧方及侧后方的其他障碍物，并在可能因车门开启而发生碰撞危险时发出警告信息。

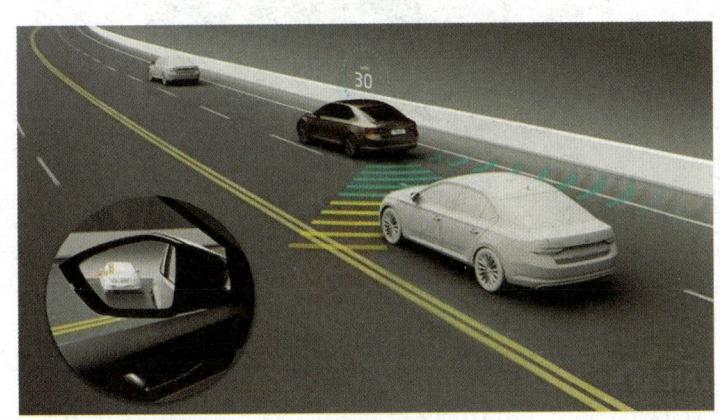

图6-43 盲区监测系统的拓展功能

（2）盲区监测系统的组成。

盲区监测系统一般由信息采集单元、电子控制单元和预警显示单元组成，如图6-44所示。

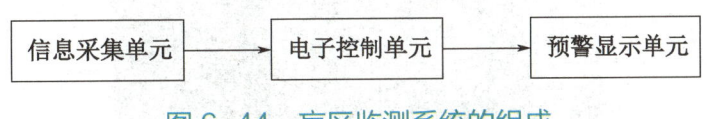

图6-44 盲区监测系统的组成

① 信息采集单元

信息采集单元利用车载传感器监测汽车盲区里是否有行人、车辆或其他障碍物，并把采集到的障碍物信息传输给电子控制单元。后视镜盲区的信息采集单元一般采用毫米波雷达和视觉传感器。

② 电子控制单元

电子控制单元对采集到的信息进行分析判断，向预警显示单元发送信息。

③ 预警显示单元

预警显示单元接收电子控制单元的信息，如果在安全距离内或有潜在危险，则发出预警，此时不可变道。

（3）盲区监测系统的工作原理。

盲区监测系统的传感器一般安装在车辆尾部两个角上或外后视镜根部，具体安装位置如图6-45所示，传感器检测汽车盲区里是否有行人、车辆或其他障碍物，并把采集到的有用信息传输给电子控制单元。

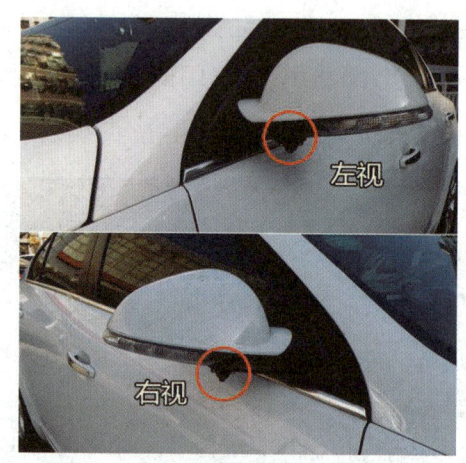

图6-45　盲区监测系统传感器的安装位置

电子控制单元对传感器采集到的信息进行分析判断，向预警显示单元发送信息。预警显示单元接收电子控制单元的信息，如果有危险，则向驾驶员发出预警。盲区监测系统的预警显示单元主要是集成在左、右外后视镜上的LED报警指示灯，如图6-46所示。

图6-46　盲区监测系统的报警指示灯

一般在车辆速度大于某一阈值时，如10km/h，盲区监测系统自动启动，如果监测范围内有车辆、行人或其他障碍物，就会被信息采集单元监测到，计算出目标障碍物与本车的距离、目标障碍物的速度等信息，并将采集到的信息传递给电子控制单元，电子控制单元收到障碍物信息后，判断进入监测范围内的车辆或行人等障碍物是否对本车造成威胁，如果存在安全隐患，则通过预警显示单元提醒驾驶员，并根据危险程度、驾驶员的反应速度提供不同等级的预警方式。图 6-47 所示为盲区监测系统的报警功能,当电子控制单元认为存在驾驶风险时,预警显示单元会通过安装在两侧外后视镜中的 LED 报警指示灯告知驾驶员。如果此时驾驶员没有注意到系统提醒,打转向灯准备变道,预警显示单元会通过 LED 发送一个闪光信号并发出蜂鸣声来警告驾驶员,避免交通事故的发生。

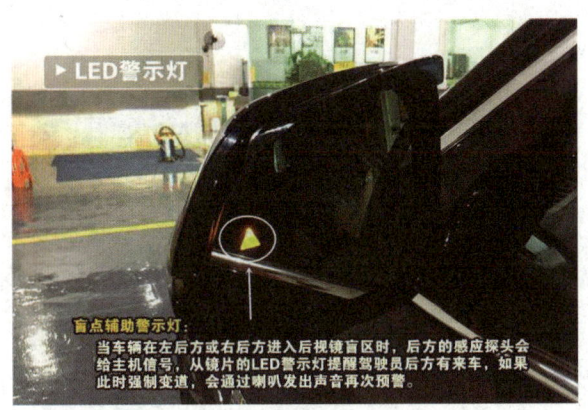

图 6-47　盲区监测系统的报警功能

未来的智能网联汽车,也可以通过 V2X 通信技术,告知驾驶员盲区内是否有障碍物。

(4) 盲区监测系统的应用实例。

驾驶车辆时会有很多盲区,尤其是后方两侧的盲区,是一种安全隐患。交通管理部门调查显示,我国每年有 70% 的严重交通事故是在车辆变道时发生的,即变道盲区(后视镜盲区)已经成为交通事故的主要原因之一。为了减少盲区引发的交通事故,盲区监测系统在汽车上的应用越来越广泛。

马自达 CX-5 如图 6-48 所示,它配备了盲区监测系统。在正常行驶和变道行驶时,马自达 CX-5 通过车身后部的毫米波雷达传感器监测后方两侧盲区内接近的车辆,后视镜指示灯会发出闪烁信号和警示音提醒驾驶员,有效降低驾驶盲区的危险性,从而降低发生碰撞的可能性。在夜间行驶时,此项功能的作用更加突出。

图 6-48　马自达 CX-5

4. 抬头显示系统

(1) 抬头显示系统的定义。

抬头显示(HUD)系统利用光学反射原理,将车辆驾驶辅助信息、导航信息、检查控制信息等，以投影的方式显示在挡风玻璃上、发动机罩尖端的上方或离车辆约 2m 远的前方，以便驾驶员阅读信息。同时，抬头显示系统还可以用来显示各个高级驾驶辅助系统的警告信息，如车道偏离警告、带行人识别功能的夜视辅助系统的行人避让警告等，避免驾驶员在行车过程中频繁低头看仪表或车载屏幕，对于安全行车起着很好的辅助作用，如图 6-49 所示。

图 6-49　抬头显示系统

（2）抬头显示系统的组成。

抬头显示系统由图像源、光学系统和图像合成器组成，如图 6-50 所示。

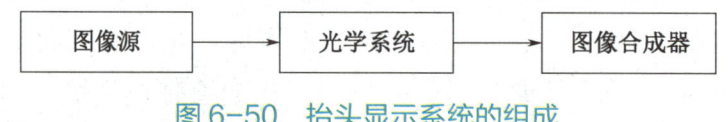

图 6-50　抬头显示系统的组成

① 图像源

图像源一般采用液晶显示屏来实现 HUD 系统的各种功能，并输出视频信号。

② 光学系统

光学系统将视频信号投射出去，并且可以调节大小、位置等参数。

③ 图像合成器

一般将前挡风玻璃作为图像合成器，把外部景物信息和内部投影信息合成后进行投射，图像在前挡风玻璃上发生反射，以达到挡风玻璃和显示信息相叠加、融合的效果。因此，带抬头显示系统的车辆安装的是特殊的前挡风玻璃，它与传统的前挡风玻璃的区别在于其两侧扁平玻璃中间的 PVB（聚乙烯醇缩丁醛酯）膜的厚度不是恒定不变的，而是略微呈楔形，这样的结构使驾驶员不会看到重影。

（3）抬头显示系统的应用。

随着技术的进步，抬头显示系统的应用将会越来越多，让驾驶更加舒适安全。

大众途昂 530V6 如图 6-51 所示，它搭载了抬头显示系统，可将车速、自适应巡航、车道保持、导航和驾驶员疲劳预警等行车信息显示在前挡风玻璃上。

图6-51 大众途昂530V6

5. 夜视辅助系统

（1）夜视辅助系统的定义。

夜视辅助（NVA）系统可让驾驶员在黑夜中看清道路、行人等障碍物，它是一种利用红外成像技术，减少事故发生，增强主动安全性的系统，如图6-52所示。

图6-52 夜视辅助系统

根据不同的工作原理，夜视辅助系统可分为主动夜视辅助系统和被动夜视辅助系统。

① 主动夜视辅助系统

主动夜视辅助系统利用主动红外成像技术，将目标物体或自身辐射的红外辐射图像转换成人眼可见的图像。该系统具备光源，即使是不发出热量的物体也可以被观察到，通过图像处理技术，道路标志清晰可见。

② 被动夜视辅助系统

被动夜视辅助系统采用热成像技术，基于目标与背景的温度和辐射率差别，利用辐射测温技术对目标逐点测定辐射强度并形成可见的目标热图像。这种系统本身没有光源，仅对物体本身发出的光线进行识别，导致看不清或看不到不发出热量的物体。图像清晰度受天气条件和时间段的影响，显示图像不能与实际景象完全符合。

（2）主动夜视辅助系统的组成。

主动夜视辅助系统由红外发射单元、红外成像单元、控制单元和图像显示单元等组成，如图 6-53 所示。

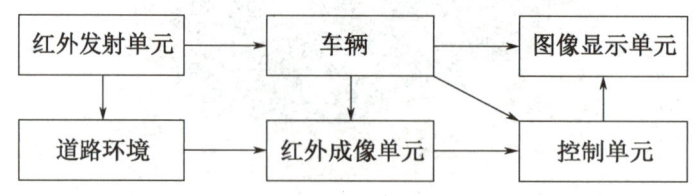

图 6-53　主动夜视辅助系统的组成

① 红外发射单元

红外发射单元位于两个前照灯内，当激活功能时，产生的红外线用于照射车辆前方区域，相应的夜视图相当于在远光灯下透过挡风玻璃所见到的情景。

② 红外成像单元

红外成像单元主要是采用红外摄像头，记录车辆前方区域内的图像，并探测其范围内是否存在行人、车辆等障碍物，然后通过数字视频线将数据发送给控制单元。

③ 控制单元

控制单元分析红外成像单元传来的数据，再通过集成化数据处理，将画面传输给图像显示单元，识别出行人、车辆等障碍物信息，以高亮度显示。一般对于数字化的电荷耦合器件（Charge Coupled Device，CCD）摄像头，采集到信号后再对其进行必要的去噪声、信号增强等处理，之后再将处理后的信号发送给图像显示单元。

④ 图像显示单元

图像显示单元接收控制单元传来的信号并显示，这样驾驶员就可以清晰地看到前照灯照射范围之外的景物，避免出现意外。

（3）主动夜视辅助系统的工作原理。

主动夜视辅助系统将摄像头安装于汽车前照灯内，通过卤素灯泡照射，使用多套照射系统和摄像头来识别红外反射波，利用目标反射红外光源。红外光源发出的短红外线主动照射目标，CCD 摄像头接收到目标再反射短红外线，通过控制单元处理后，经图像显示单元传递给驾驶员。主动夜视辅助系统对比分辨度高、可靠性高，且图像较清晰。由于不依靠物体的热源，不发热的物体也可以清晰可见。

（4）被动夜视辅助系统的工作原理。

被动夜视辅助系统没有红外发射单元，由红外成像单元、控制单元和图像显示单元等组成。

被动夜视辅助系统利用热成像摄像头接收行人、动物等发热物体发出的不同的红外辐射（远红外线），形成不同的图像，对图像进行放大和处理后输出。由于不同物体对红外线反射程度不同，行人、动物等可以发热的物体在反射中特别突出，经传感器捕捉后，带有热源的物体影像可清晰地显示在车载屏幕上。但是被动夜视辅助系统的缺点是对于无生命、无热源特征的目标，如道路的标志牌、车道线、车道护栏等物体，无法进行监测。此外，由于车辆前挡风玻璃不能传输长波的远红外线，摄像头必须安装在车外，需经常清洁，且当汽车前端遭受碰撞时，摄像头易受损伤。

被动夜视辅助系统的关键零部件是红外摄像头，它与主动夜视辅助系统的红外摄像头原理相同，但接收对象存在差异，因此其软硬件设计也有所不同。主动夜视辅助系统的红外摄像头主要接收物体对红外光源的反射光线，而被动夜视辅助系统的红外摄像头主要接收物体本身发出的红外辐射。被动夜视辅助系统红外摄像头主要装配于车辆前保险杠，一般安装在一个防撞击的盒子里，挡风玻璃清洗系统同时负责相机的清洁。

（5）夜视辅助系统的应用实例。

目前，越来越多的汽车厂家开始开发和使用夜视辅助系统，该系统不仅能够提高驾驶安全性，还能够增强汽车的豪华感。随着科技的发展和夜视辅助系统生产成本的降低，夜视辅助系统将会全面普及。目前，在奥迪、宝马、奔驰等品牌的许多车型上，都装备了夜视辅助系统。

奥迪 A8L 夜视辅助系统的摄像头是一种红外热敏图像摄像头，为防石击，摄像头被加装保护罩，摄像头有加热元件，防止结冰。摄像头配有自己的运算器，除了录下原始图像并把图像传给控制单元，还要储存校准数据，校准数据并不存储在控制单元内，而是存储在摄像头内，若更换损坏的夜视辅助系统控制单元后，就不必重新进行校准。该摄像头拍摄的图像是黑白图像，分辨率水平为 320 像素，垂直为 240 像素。奥迪 A8L 夜视辅助系统的探测范围约为 300m，摄像头的水平探测张角约为 24°。

奥迪 A8L 夜视辅助系统除了可以让驾驶员看清交通标牌、弯道、车辆、障碍物等会造成危险的事物，还可以通过远红外热成像摄像头捕捉到车辆前方视角范围内、探测距离内的热源（包括人和动物），让驾驶员提前做出反应，避免交通事故的发生。当热源（人或动物）出现在捕捉范围内时，系统会将拍摄到的热信号送交控制单元处理，处理后的图像就会在仪表盘的显示器进行显示。当行人有横穿车辆前方的行为时，系统会迅速做出判断并以红色突出显示，同时发出声音警告，如图 6-54 所示。

图 6-54　奥迪 A8L 夜视辅助系统

奥迪 A8L 夜视辅助系统是汽车全天候的电子眼,在遇到雨、雪、浓雾天气时,公路上的物体及路旁的一切也都能尽收眼底,大大提高汽车行驶的安全性。

6. 驾驶员疲劳预警系统

(1) 驾驶员疲劳预警系统的定义。

驾驶员疲劳预警(DFW)系统是基于驾驶员生理图像反应,通过分析驾驶员的面部特征、眼部信号、头部运动等信息推断驾驶员是否处于疲劳状态,并在确认其疲劳时进行报警提示和采取相应措施的系统。它能够在驾驶员行驶过程中,全天候监测驾驶员的状态和驾驶行为等。在发现驾驶员出现低头、闭眼、打哈欠、打电话、遮挡镜头、左顾右盼等驾驶状态后,该系统将会对此类行为进行及时的分析,并通过声音提示、座椅振动、转向盘振动等,达到预警和纠正错误驾驶行为的目的。驾驶员疲劳预警系统如图 6-55 所示。

图 6-55　驾驶员疲劳预警系统

视觉传感器不间断地捕捉图像数据,并将数据传输至处理器模块,处理器对图像数据进行预处理和分析。因此要想达到更为准确和快速的预警效果就要求处理器的处理性能和软件算法达到一个更高的水平,高速硬件处理系统和优化的算法是预警及时的保证。

驾驶员疲劳预警系统也被称为疲劳监测或驾驶行为识别预警系统、疲劳识别系统、注意力警示辅助系统、驾驶员安全警告系统等。

(2) 驾驶员疲劳预警系统的组成。

驾驶员疲劳预警系统一般由视频采集单元、驾驶状态分析单元、报警控制单元、报警执行单元和视频存储单元组成,如图 6-56 所示。

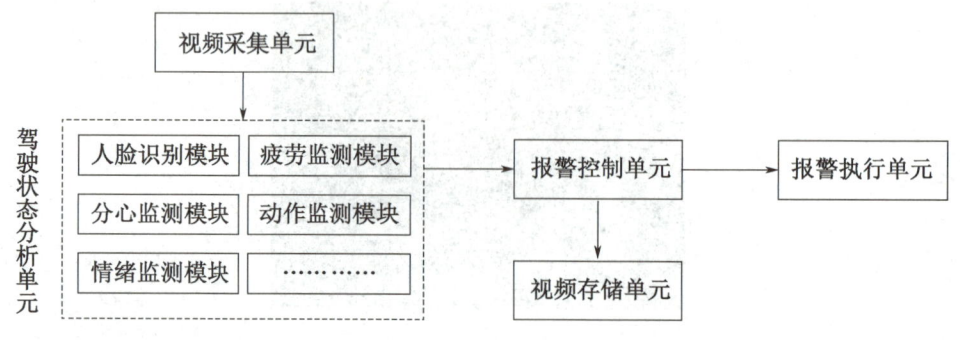

图 6-56　驾驶员疲劳预警系统的组成

① 视频采集单元

视频采集单元主要利用视觉传感器采集关于驾驶员信息的视频流。

② 驾驶状态分析单元

驾驶状态分析单元主要包括人脸识别模块、疲劳监测模块、分心监测模块、动作监测模块、情绪监测模块等。其中人脸识别模块从视频流中抓取人脸图像，可进行身份注册或者和数据库中的人脸数据进行对比，以完成驾驶员身份验证，这一模块对于营运车辆比较有用；疲劳监测模块、分心监测模块、动作监测模块、情绪监测模块从视频流中实时获取含有驾驶员面部信息的图像，并对驾驶员状态进行疲劳监测、分心监测、动作监测、情绪监测。不同的驾驶员疲劳预警系统，驾驶员状态分析单元包含的模块不一样，采用的分析方法也略有区别。

③ 报警控制单元

报警控制单元根据当前驾驶员人脸识别、疲劳监测、分心监测、动作监测、情绪监测的结果，判断当前驾驶员的驾驶状态是否符合报警条件，若达到报警条件则根据报警优先级控制报警单元报警。

④ 报警执行单元

报警执行单元根据报警控制单元传递的信息，通过声音提示、座椅振动、转向盘振动等方式对驾驶员进行预警。

⑤ 视频存储单元

视频存储单元存储驾驶状态分析单元的信息和报警前后一段时间的视频，作为凭证。

（3）驾驶员疲劳预警系统的应用实例。

广汽埃安汽车如图6-57所示，它搭载了"高精度地图＋高精度雷达＋Mobileye EyeQ4摄像头"，且配备了驾驶员疲劳预警系统，可提供后车接近预警、拥堵低速自动跟车、驾驶员疲劳预警等功能。

图6-57　广汽埃安汽车

随着汽车市场的发展，人们对交通安全的重视，技术的进一步成熟，硬件成本的逐渐降低，驾驶员疲劳预警系统将越来越被企业和个人接受，它将具备极佳的市场应用前景。

二、信息控制类高级驾驶辅助系统

1. 车道保持辅助系统

（1）车道保持辅助系统的定义。

车道保持辅助（LKA）系统能够实时监测车辆与车道边线的相对位置，持续或在必要情况下控制车辆横向运动，使车辆保持在原车道内行驶，从而减轻驾驶员负担，减少交通事故的发生，如图6-58所示。

图6-58 车道保持辅助系统

（2）车道保持辅助系统的组成。

车道保持辅助系统由信息采集单元、电子控制单元和执行单元等组成，如图6-59所示。在系统工作期间，车道偏离报警信息传递给驾驶员，车辆主动选择对转向系统和制动系统中的一项或者多项动作进行控制。系统中所有的信息均以数字信号的形式进行传递，通过车辆总线技术实现。

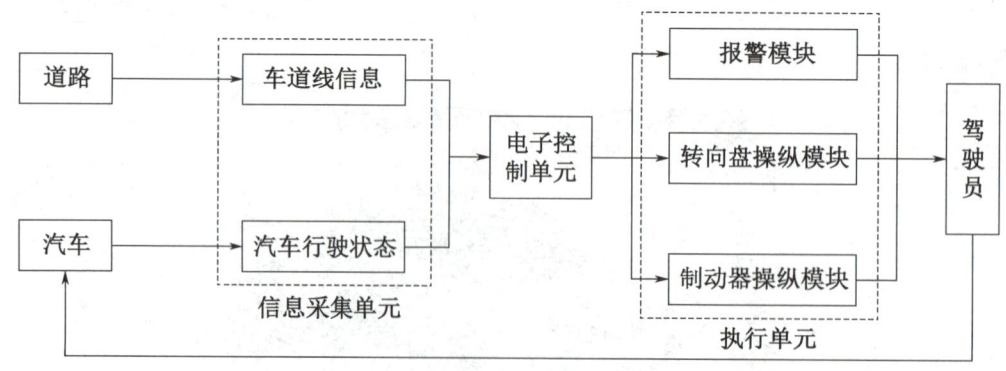

图6-59 车道保持辅助系统的组成

① 信息采集单元

信息采集单元在车道保持辅助系统中的功能与在车道偏离预警系统的功能相似，主要通过传感器采集车道线信息和车辆自身行驶信息并发送给电子控制单元。

② 电子控制单元

电子控制单元主要通过特定的算法对采集的信息进行处理，并判断是否进行车道偏离修正。该单元性能直接影响车道偏离修正的准确性和及时性，因此在选择中央处理器和设计控制算法时，要着重考虑运算能力和运算速度是否满足要求。

③ 执行单元

执行单元主要有报警模块、转向盘操纵模块和制动器操纵模块。其中报警模块与车道偏离预警系统的类似，通过转向盘或座椅振动、仪表盘显示、声音警报中的一种或多种形式实现预警。转向盘操纵模块和制动器操纵模块是车道保持辅助系统特有的，主要用于实现横向运动和纵向运动的协同控制，并保证汽车在车道保持辅助系统工作期间具有一定的行驶稳定性。

（3）车道保持辅助系统的工作原理。

车道保持辅助系统可以在行车的全程或速度达到某一阈值后开启，并支持手动关闭，实时保持汽车的行驶轨迹。当系统正常工作时，信息采集单元通过车载传感器采集车速信号、转向盘转角信号和车辆速度等信息，电子控制单元对信息进行处理，比较车道线和车辆的行驶方向，判断是否偏离行驶车道。当车辆行驶可能偏离车道线时，发出报警信息；当汽车与偏离车道线距离小于设置阈值或已经有车轮偏离车道线时，电子控制单元计算出辅助操舵力和减速度，根据偏离的程度控制转向盘和制动器，主动施加操舵力和制动力使车辆稳定地回到正常轨道；若驾驶员打开转向灯，正常进行变线行驶，则系统不会做出任何提示。

车道保持辅助系统的工作过程如图 6-60 所示，在系统起作用时，将不同时刻的汽车行驶照片重叠后可以看出，图中第二个车影已经偏离行驶轨道，于是系统发出报警信息，且第三个和第四个车影是系统主动进行车道偏离纠正的过程，在第五个车影时，车辆已经重新处于正确的行驶线路上，车道保持辅助系统完成一个完整的工作周期。

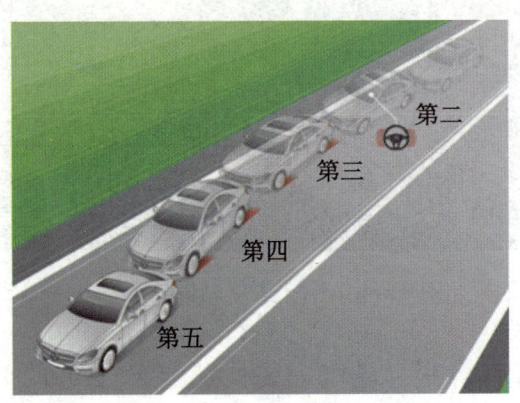

图 6-60　车道保持辅助系统的工作过程

（4）车道保持辅助系统的应用实例。

车道保持辅助系统目前已经在较多车型中装配，不仅能提高行车的安全性，防止驾驶员开车过程中注意力不集中造成的车道偏离,也能使驾驶员养成变道主动开启转向灯的习惯,若驾驶员变道未开启转向灯,则车道保持辅助系统将会发出报警或产生较大的转向阻力矩。

沃尔沃 S60L 如图 6-61 所示,它搭载了车道保持辅助系统、驾驶员疲劳预警系统、盲区监测系统等。

图 6-61　沃尔沃 S60L

2. 自动紧急制动系统

(1)自动紧急制动的定义。

自动紧急制动(AEB)系统是实时监测车辆前方行驶环境,并在可能发生碰撞时主动启动车辆制动使车辆减速,以避免碰撞或减轻碰撞的系统。它基于环境感知传感器(如毫米波雷达或视觉传感器)感知前方车辆、行人或其他障碍物,判断是否存在碰撞风险,并通过系统自动触发执行机构来实施制动,以避免碰撞或减轻碰撞,如图 6-62 所示。

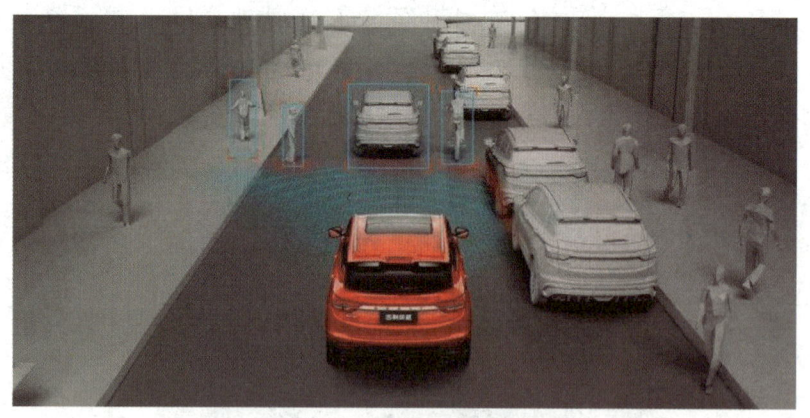

图 6-62　自动紧急制动系统

自动紧急制动系统不仅包含紧急制动功能,还包含前向碰撞预警(FCW)和紧急制动辅助(EBA)功能。目前,市场上的自动紧急制动系统按功能名称、识别的交通参与者、支持的行驶速度和技术实现形式等划分成许多类型。

按功能名称划分,各大主机厂与零部件一级供应商对自动紧急制动系统的命名各有不同。如博世公司称之为预测性紧急制动系统(Predictive Emergency Braking System,PEBS)。

该系统包含了前向碰撞预警、紧急制动辅助和自动紧急制动 3 个子功能，分别对应驾驶员注意力不集中、驾驶员制动力不足和驾驶员无制动反应等 3 种不同情况。

按识别的交通参与者类型划分，自动紧急制动系统除了可以识别车辆之外，还有支持识别行人的 AEB-Pedestrian 和支持识别电动两轮车骑行的 AEB-Cyclist。

按支持的行驶速度段划分，欧洲新车评价规程（Euro NCAP）的自动紧急制动评测中，将针对低速工况的 AEB-City 和针对高速城市间道路工况的 AEB-Interurban 进行了区分，并针对不同工况设置了不同的测试项。

按技术实现形式划分，自动紧急制动功能大多是以毫米波雷达、单目摄像头、双目摄像头和多传感器数据融合来实现的。

（2）自动紧急制动系统的组成。

自动紧急制动系统主要由行车环境信息采集单元、电子控制单元和执行单元等组成，如图 6-63 所示。

① 行车环境信息采集单元

行车环境信息采集单元由测距传感器、车速传感器、加速踏板传感器、制动踏板传感器、转向传感器、路面选择按钮等组成，通过传感器的实时检测获取相关信息。测距传感器用来检测自车与前方目标的相对距离和相对速度，目前自动紧急制动系统常见的测距技术主要是利用毫米波雷达、视觉传感器或者是二者的融合来测量距离；车速传感器用来检测车辆自身的速度；加速踏板传感器用来检测驾驶员在收到系统提醒报警后是否及时松开加速踏板以对自车实行减速；制动踏板传感器用来检测驾驶员是否踩下制动踏板以对自车实行制动；转向传感器用来检测车辆目前是否正在弯道路面上行驶或处于超车状态，系统据此判断是否需要进行报警抑制；路面选择按钮可以使驾驶员对路面状况信息进行选择，从而方便系统对报警距离进行计算。所有采集到的信息都将被送往电子控制单元。

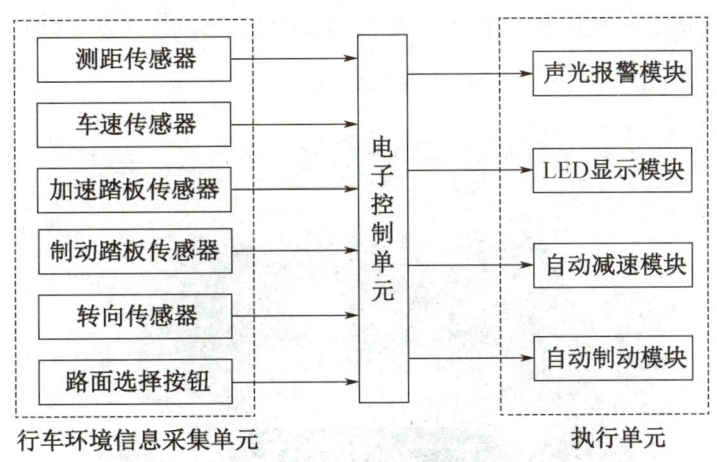

图 6-63 自动紧急制动系统的组成

② 电子控制单元

电子控制单元接收行车环境信息采集单元的检测信号后，综合收集到的数据信息，依照一定的算法程序对车辆行驶状况进行分析计算，同时对执行单元发出控制指令。

③ 执行单元

执行单元可以由多个模块组成，如声光报警模块、LED 显示模块、自动减速模块和自动制动模块等，不同系统的执行单元也有所区别。执行单元接收电子控制单元发出的指令，并执行相应的动作，达到预期的预警效果，实现相应的车辆制动功能。当系统监测到存在危险状况时，首先进行声光报警，以提醒驾驶员；当系统发出提醒报警后，如果驾驶员没有松开加速踏板，则系统会进行自动减速；在减速之后系统检测到危险仍然存在时，说明目前车辆行驶处于极度危险的状况，需要对车辆进行自动强制制动直至车速降为零。

（3）自动紧急制动系统的工作原理。

自动紧急制动系统采用测距传感器测出障碍物的距离，然后利用电子控制单元将测出的距离与报警距离、安全距离等进行比较，当小于报警距离时就进行报警提示，当小于安全距离时，即使驾驶员没来得及踩制动踏板，自动紧急制动系统也会启动，使汽车自动制动，从而为安全出行保驾护航。

自动紧急制动系统从传感器探测到前方车辆（目标车辆）开始，持续监测与前车之间的距离和前车的车速，同时以本车车速信息作为依据，通过简单的运算，结合驾驶员的反应，判断当前形势并采取合适的应对措施。

（4）自动紧急制动系统的应用实例。

自动紧急制动在降低交通事故率和提升驾驶安全性方面发挥了至关重要的作用。自动紧急制动已经成为高级驾驶辅助系统的重要功能。如果驾驶员在操控车辆期间分神，且有阻碍物时搭载自动紧急制动系统的车辆就会自动停车，大大提升了驾驶安全性。

斯巴鲁 EyeSight 系统主要通过前挡风玻璃的两个立体摄像头模拟人类的立体视觉来判断车辆前方的路况，探测范围为 79m，可以识别汽车、行人等，如图 6-64 所示。

图 6-64　斯巴鲁 EyeSight 系统

斯巴鲁 EyeSight 系统在前后车的车速差不同的情况下采取不一样的措施。当车速差小于 30km/h 时，系统能识别车辆、行人的路径，如系统检测到危险时驾驶员没有及时制动，系统可以自动制动，甚至完全把车制动停止，避免发生碰撞。而在一些越野路段，车速差大于 30km/h 时，系统采取的措施不是制动停止而是适当减速，以最大限度地降低碰撞速度。

3. 自适应巡航控制系统

（1）自适应巡航控制系统的定义。

自适应巡航控制（ACC）系统在车辆行驶过程中，通过安装在汽车前部的测距传感器持续扫描汽车前方道路，同时以轮速传感器采集的车速信号作为依据，当主车（燃油车）与前车之间的距离小于安全车距时，主车的自适应巡航控制系统的电子控制单元通过与制动系统、发动机控制系统协调动作，改变制动力矩和发动机输出功率，对汽车行驶速度进行控制、以使主车与前方车辆始终保持安全车距行驶，避免追尾事故发生，同时提高通行效率。如果主车前方没有车辆，则主车按设定的车速巡航行驶。自适应巡航控制系统如图 6-65 所示。

图 6-65 自适应巡航控制系统

对于电动汽车自适应巡航控制系统，发动机更换为驱动电机，通过改变制动力矩和驱动电机的输出功率主动控制电动汽车的行驶速度。

自适应巡航控制系统在控制汽车制动时，通常会将制动减速度限制在不影响舒适的程度，当需要更大的减速度时，自适应巡航控制系统会发出预警信号通知驾驶员主动采取制动操作。当主车与前方车辆之间的距离增加到安全车距时，自适应巡航控制系统控制汽车按照设定的车速行驶。

自适应巡航控制系统根据对弯道行驶的适应能力分为 4 种类型。

① Ⅰ 类型。Ⅰ 类型对弯道半径没有要求。

② Ⅱ 类型。Ⅱ 类型要求弯道半径大于或等于 500m。

③ Ⅲ 类型。Ⅲ 类型要求弯道半径大于或等于 250m。

④ Ⅳ 类型。Ⅳ 类型要求弯道半径大于或等于 125m。

（2）自适应巡航控制系统的组成。

① 燃油汽车自适应巡航控制系统的组成。燃油汽车自适应巡航控制系统主要由信息感知单元、电子控制单元、执行单元和人机交互界面等组成，如图6-66所示。

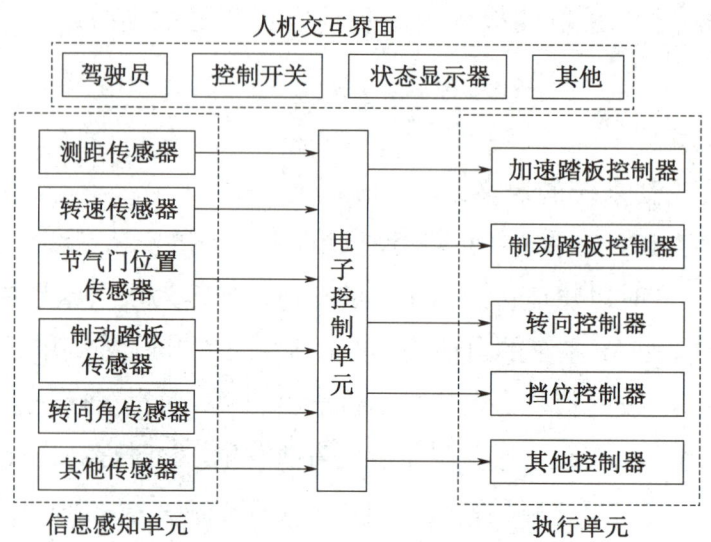

图6-66 燃油汽车自适应巡航控制系统的组成

a．信息感知单元

信息感知单元主要由测距传感器、转速传感器、转向角传感器、节气门位置传感器、制动踏板传感器及其他传感器等组成。测距传感器用来获取主车与前方目标车辆之间的距离信号，可以使用毫米波雷达、激光雷达和视觉传感器；转速传感器用于获取实时车速信号，一般使用霍尔式转速传感器；转向角传感器用于获取汽车转向信号；节气门位置传感器用于获取节气门开度信号；制动踏板传感器用于获取制动踏板动作信号。

b．电子控制单元

电子控制单元根据驾驶员所设定的巡航车速，结合信息感知单元传送来的信息确定主车的行驶状态，决策出汽车的控制策略，并输出节气门开度和制动压力信号给执行单元。当主车与前方的目标车辆之间的距离小于安全车距时，电子控制单元计算实际车距和安全车距之差及相对速度的大小，选择减速方式，或通过报警器提醒驾驶员采取相应的措施。

c．执行单元

执行单元主要执行电子控制单元发出的指令，实现对主车速度和加速度的调整。它包括加速踏板控制器、制动踏板控制器、转向控制器、挡位控制器及其他控制器等，加速踏板控制器用于调整节气门的开度，使汽车加速、减速或定速行驶；制动踏板控制器用于控制制动力矩或紧急情况下的制动；转向控制器用于控制汽车的行驶方向；挡位控制器用于控制汽车变速器的挡位。

d. 人机交互界面

人机交互界面用于驾驶员设定系统参数及系统状态信息的显示等。驾驶员可通过设置在仪表盘或转向盘上的人机界面或按键来启动或清除其控制指令。启动自适应巡航控制系统时，要设定主车与目标车辆之间的安全车距，以及在巡航状态下的车速，否则自适应巡航控制系统将自动设置为默认值。驾驶员所设定的安全车距要大于设定车速的交通法规所规定的安全车距。

② 电动汽车自适应巡航控制系统的组成。电动汽车自适应巡航控制系统也由信息感知单元、电子控制单元、执行单元和人机交互界面等组成，如图 6-67 所示。电子控制单元接收信息感知单元各传感器测量的距离、速度和加速度等信号；电子控制单元对主车行驶环境及运动状态进行分析、计算、决策，输出转矩和制动压力信号；执行单元完成电子控制单元的指令，通过电动机控制器和制动控制器等来调节行驶速度等；人机交互界面为驾驶员对系统的运行进行观察和干预控制提供操作界面。

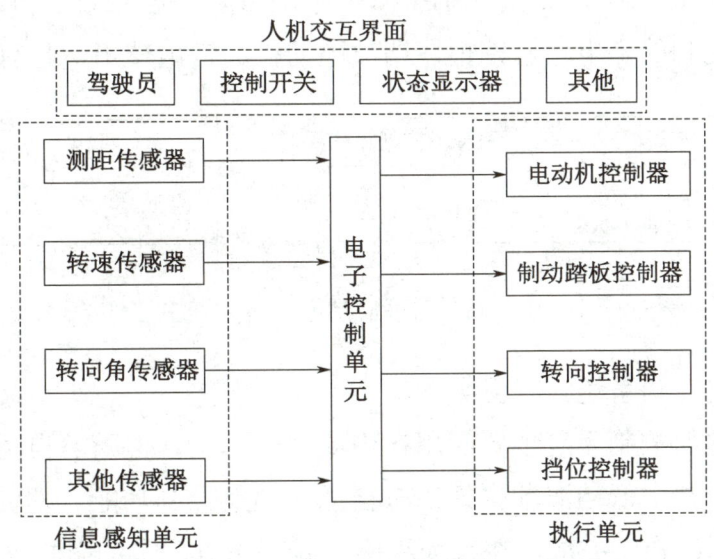

图 6-67　电动汽车自适应巡航控制系统的组成

（3）自适应巡航控制系统的工作原理。

① 燃油汽车自适应巡航控制系统的工作原理

燃油汽车自适应巡航控制系统的工作原理如图 6-68 所示。驾驶员启动自适应巡航控制系统后，在汽车行驶过程中，安装在车辆前部的测距传感器实时检测车辆前方道路，转速传感器采集车速信号。当主车前方没有车辆或与前方目标车辆距离很远且速度很快时，控制模式选择模块就会激活巡航控制模式，自适应巡航控制系统将根据驾驶员设定的车速和转速传感器采集的本车速度来自动调节加速踏板，使主车达到设定的车速并巡航行驶；如果目标车辆存在且离主车较近或速度很慢，控制模式选择模块就会激活跟随控制模式，自适应巡航控制系统将根据驾驶员设定的安全车距和转速传感器采集的本车速度计算出期望车距,并与测距传感器采集的实际距离进行对比,自动调节制动踏板和加速踏板等使车辆以安全车距稳定地跟随前方目标车辆行驶。同时,自适应巡航控制系统会把车辆目前的一些状态参数显示在人机交互界面上,方便驾驶员进行判断,若车辆也装有紧急报警系统,在自适应巡航控制系统无法避免碰撞时及时警告驾驶员并由驾驶员处理紧急状况。

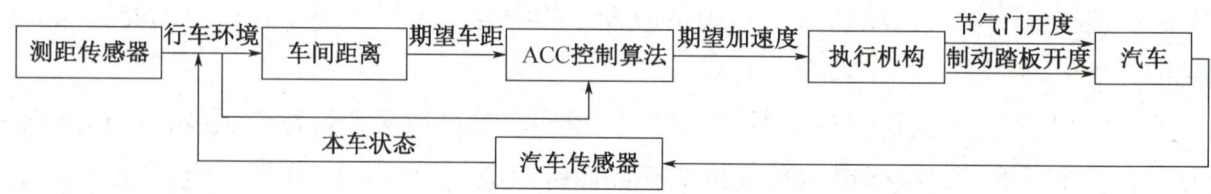

图 6-68 燃油汽车自适应巡航控制系统的工作原理

② 电动汽车自适应巡航控制系统的工作原理

电动汽车自适应巡航控制系统的工作原理如图 6-69 所示,它与燃油汽车自适应巡航控制系统的工作原理基本一样,唯一区别是燃油汽车控制的是节气门开度,调节发动机输出转矩,而电动汽车控制的是电动机转矩,调节电动机的输出转矩,且有再生制动功能。

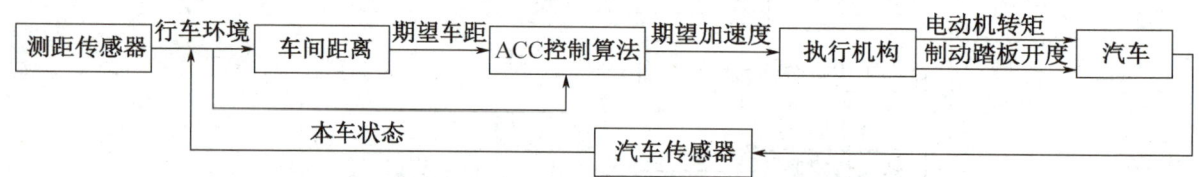

图 6-69 电动汽车自适应巡航控制系统的工作原理

(4) 自适应巡航控制系统的应用实例。

目前,自适应巡航控制系统主要应用在中高档轿车上,但随着自适应巡航控制系统的不断发展与完善,一些中低档汽车也开始有自适应巡航控制功能。驾驶员的大量工作都可由自适应巡航控制系统自动完成,在很大程度上减轻了驾驶员的负担。

沃尔沃汽车自适应巡航控制系统如图 6-70 所示,其通过前挡风玻璃的摄像头和隐藏在前格栅内的雷达来监测前方路况,在速度超过 30km/h 时,按下转向盘上的启动键,就可以激活自适应巡航控制系统。当前面有车辆时,自动跟着前方车辆行驶,但不会超过设定的速度;如果前方没有车辆,就按设定的速度行驶。

沃尔沃汽车自适应巡航控制系统具有以下功能:在 0～200km/h 的范围内都可以实现自动跟车;前车转弯或前车超车时,系统能快速捕捉到新的前方车辆,继续自动跟车;如果有车辆插队驶入两车之间,自适应巡航控制系统会调节车速以保持之前设定的两车之间的安全车距;如果驾驶员感觉前车较慢,想要开启转向功能进入另外一条车道,准备超车时,车辆会瞬时加速以尽快超过前车,实现超车功能。

图 6-70 沃尔沃汽车自适应巡航控制系统

4. 智能泊车辅助系统

（1）智能泊车辅助系统的定义。

智能泊车辅助（IPA）系统在泊车过程中，车辆可以自动检测附近可用停车位，计算泊车轨迹，并控制转向系统、制动系统、驱动系统、变速系统完成泊车入位，且可以向驾驶员发出系统故障状态、危险预警等信息，如图 6-71 所示。

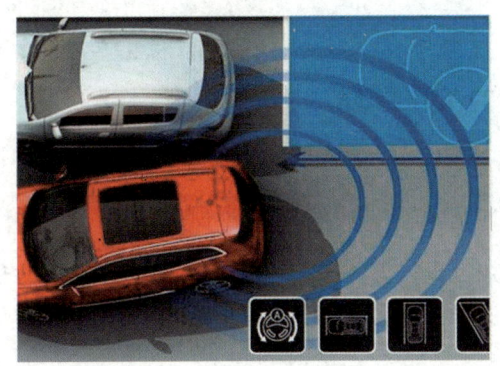

图 6-71 智能泊车辅助系统

智能泊车辅助系统泊车模式分为平行泊车和垂直泊车。平行泊车是指系统具备平行靠左、靠右泊车（即侧方位停车）能力，垂直泊车是指系统具备垂直靠左、靠右泊车（即倒车入库）能力。

（2）智能泊车辅助系统的组成。

智能泊车辅助系统主要由感知单元、中央控制器、转向执行机构和人机交互系统等组成，如图 6-72 所示。

① 感知单元

感知单元通过车位监测传感器、避障保护传感器、转速传感器、陀螺仪、挡位传感器等实现对环境信息和车辆自身运动状态的感知，并把感知信息输送给中央控制器。

② 中央控制器

中央控制器主要分析处理感知单元获取的环境信息并进行泊车运动控制。在泊车过程中，中央控制器实时接收并处理避障传感器检测的障碍物信息，当车辆与周围物体相对距离小于设定安全值时，中央控制器将采取相应措施对车辆运动进行控制。

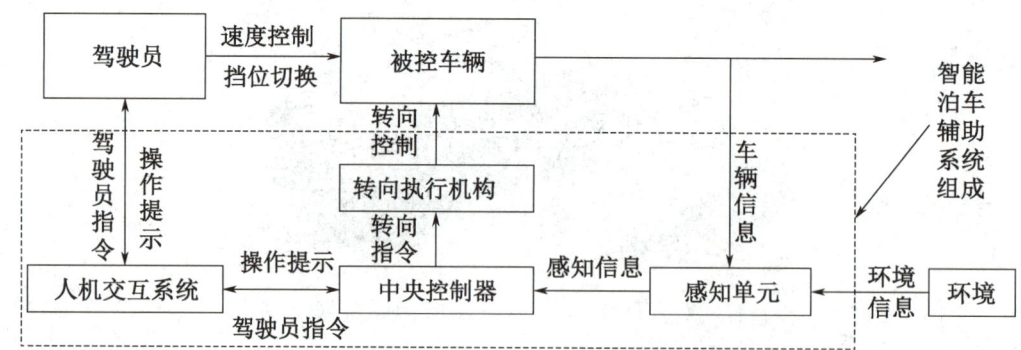

图 6-72　智能泊车辅助系统的组成

③ 转向执行机构

转向执行机构由转向系统、转向驱动电机、转向电机控制器、转向柱转角传感器等组成，转向执行机构接收中央控制器发出的转向指令后执行转向操作。

④ 人机交互系统

在泊车过程中，人机交互系统显示一些重要信息给驾驶员

（3）智能泊车辅助系统的工作原理。

智能泊车辅助系统的工作原理是通过车载传感器检测车辆周围环境，通过对环境区域的分析和建模，搜索有效泊车位，当确定目标车位后，系统提示驾驶员停车并自动启动智能泊车程序，根据所获取的车位大小、位置信息，由程序计算泊车路径，然后自动操纵汽车泊车入位。智能泊车辅助系统的工作过程如下。

① 激活系统

车辆进入停车区域后缓慢行驶，人工开启智能泊车辅助系统，或根据车速自动启动智能泊车辅助系统。

② 车位监测

利用测距传感器（如超声波雷达）和视觉传感器（如摄像头）监测环境信息，然后识别出目标车位。

③ 路径规划

根据所获取的环境信息，中央控制器对车辆和环境进行建模，计算出一条能使汽车安全泊车入位的路径。

④ 路径跟踪

通过转向盘、加速踏板和制动踏板的协调控制，车辆跟踪预先规划的泊车路径，实现泊车入位。

（4）智能泊车辅助系统的应用实例。

启辰星汽车如图 6-73 所示，它拥有全速自适应巡航、全自动智能泊车等功能，该车还

搭载了全景监控影像系统，100 万像素高清摄像头夜间依然清晰；立体场景无盲区显示，全面提升行车和泊车安全性。

图 6-73　启辰星汽车

5. 自适应前照灯系统

（1）自适应前照灯系统的定义。

自适应前照灯（AFL）系统是一种自动调节的照明装置，它能够根据天气情况、外部光线、道路状况和行驶信息，来自动改变前照灯的工作模式，调整照射光线的光形，消除夜间或能见度低时转弯或其他特殊行驶条件下的视野暗区，能够为驾驶员提供范围更宽、更为可靠的照明视野，保证驾驶员和道路行人的安全。自适应前照灯系统为未来汽车前照明系统的主要发展方向。

图 6-74 所示为汽车没有自适应前照灯系统和有自适应前照灯系统的照明效果比较图。对比可以看出，装有自适应前照灯系统的汽车转向灯能够根据转向盘的角度转动，把有效的光束投射到驾驶员期望的前方路面上。

图 6-74　汽车有无自适应前照灯系统照明效果比较

（2）自适应前照灯系统的组成。

自适应前照灯系统主要由传感器单元、CAN 总线传输单元、控制单元和执行单元等组成，如图 6-75 所示。

① 传感器单元

传感器单元采集车辆当前信息（如车速、车辆姿态、转向角度等）和外部环境（如弯道、坡度和天气等）的变化信息。传感器单元包括速度传感器、转角传感器、环境光强传感器、车身高度传感器和其他传感器等。

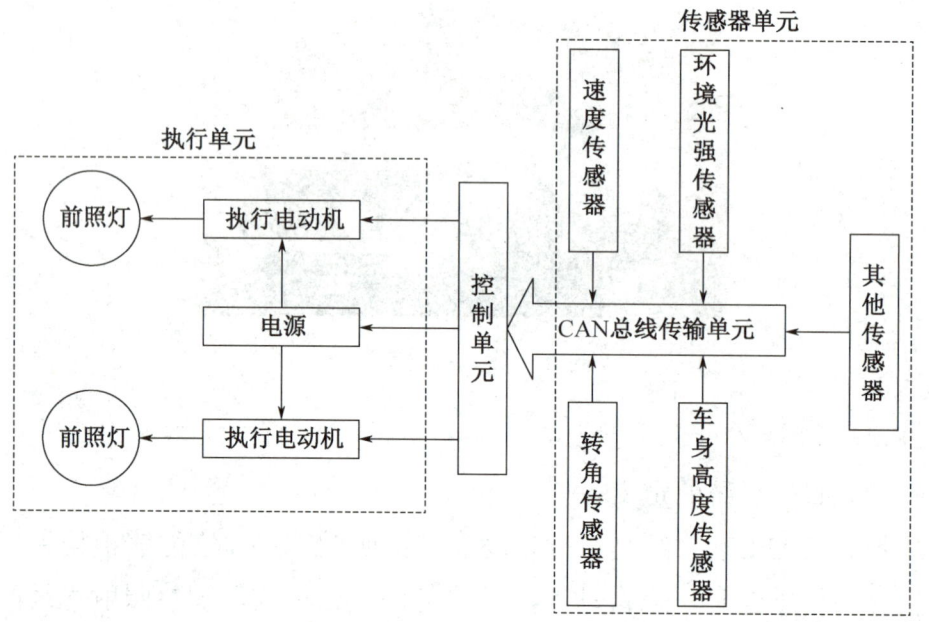

图 6-75　自适应前照灯系统的组成

② CAN 总线传输单元

CAN 总线传输单元负责把各种传感器采集的信息传输给控制单元，实现内部控制与各种传感器检测及执行单元之间的数据通信。

③ 控制单元

控制单元需要对车辆行驶状态做出综合判断并输出脉冲变量给执行单元。

④ 执行单元

控制单元输出的信号给执行单元的执行电动机，调节前照灯的照射距离和角度，为驾驶员提供更广阔的视野，保障行车安全。

（3）自适应前照灯系统的工作原理。

自适应前照灯系统的基本原理是通过安装在车辆上的速度、环境光强、转角等传感器采集车辆动态信号参数，控制单元对其进行分析判断和算法运算并产生控制信号，执行单元控制自适应前照灯系统进行调节。

系统的主要功能通过以下方法实现。

① 系统通过开关器件获取功能开关信号，通过速度传感器获取车速信号，通过转角传感器获取转角信号，通过车身高度传感器获取姿态信号等。经过巡检算法判断，如果前照灯需要进行转动，系统会根据角度算法计算出需要转动的角度，并由控制单元输出控制信号，控制水平和垂直安装的步进电机转动，进而带动机械传动机构实现前照灯转动，让照明光束始终与道路保持一致，这样驾驶员就能够清楚地看到前方路况，以便及时采取预防

或紧急措施。

② 系统通过获取前照灯开关器件信号和环境光强传感器的光照强度信号,对前照灯开关进行控制,系统会设置一个光照强度阈值,当光照强度小于阈值时,系统自动延时打开前照灯;当光照强度大于阈值时,系统自动延时关闭前照灯。

③ 系统在前照灯初始化位置时,通过传感器获取位置信号,判断前照灯实际运行的角度与控制单元输出角度之间的误差,如果误差不大,通过角度 PID 调节算法对误差进行调节;如果误差过大,说明前照灯出现了故障,系统会产生故障报警信号提醒驾驶员前照灯出现故障。

④ 系统通过液晶显示装置实时显示系统的工作状态,包括车速状态、转向盘转角状态、车灯转角状态等。

总结与拓展

高级驾驶辅助系统,简称 ADAS,是利用安装于车上的各式各样的传感器,在第一时间收集车内外的环境数据,进行静、动态物体的辨识、侦测与追踪等技术上的处理,从而能够让驾驶者在最快的时间察觉可能发生的危险,以引起注意和提高安全性的主动安全系统。高级驾驶辅助系统采用的传感器主要有摄像头、毫米波雷达、激光雷达和超声波雷达等,可以探测光、热、压力或其他用于监测汽车状态的变量,通常位于车辆的前、后保险杠,侧视镜,驾驶杆内部或者挡风玻璃上。早期的高级驾驶辅助系统主要以被动式报警为主,当车辆检测到潜在危险时,会发出警报提醒驾车者注意异常的车辆或道路情况。对于最新的高级驾驶辅助系统来说,主动式干预也很常见。

结合技术自身的发展和中国道路交通环境及消费者的特定需求,我们可以总结得到高级驾驶辅助系统技术在中国市场的发展趋势:

(1)从技术发展角度来看,由于消费者对汽车安全性的重视度只会越来越高,因而高级驾驶辅助系统在未来很长一段时间内必将保持持续发展的趋势。同时,高级驾驶辅助系统正在从单个技术独立发展转变为整合式主动安全系统的开发,多项技术可以共用传感器、控制系统等平台,一旦车辆装备了基础的电子稳定程序系统、自适应巡航控制系统等,便可以方便地并以较低的成本添加其他驾驶辅助系统,从而将进一步推动高级驾驶辅助系统在汽车上的应用。

(2)一些相对较为低端且实用性强的高级驾驶辅助系统,如胎压监测系统、电子稳定程序系统等已经充分得到了市场的认可,在强烈的需求驱动下,其在低端市场的普及率将稳步提升。

(3)中国消费者对于避险辅助类、视野改善类技术表现出明显的关注与需求,这必将成为下一阶段主要应用点。

任务实施

车辆信息	整车型号		
	车辆识别代码		
项目	作业记录内容		备注
一、前期准备			
二、任务目标	各组能够讲述各种高级驾驶辅助系统的定义、组成及工作原理，通过讨论及交流，加深对已学内容的理解。		
三、任务描述	分组讨论各功能的定义、组成及工作原理		
四、实施步骤（采用分组，组别之间进行问答的方式，不同组之间来对相互提出的问题进行回答）	1. 分组		
	组别	人员名单	
四、实施步骤（采用分组，组别之间进行问答的方式，不同组之间来对相互提出的问题进行回答）	2. 讨论		

	序号	题目	答题重点	备注
	1	前向碰撞预警系统的组成及工作原理		
	2	车道偏离预警系统的组成及工作原理		
	3	盲区监测系统的组成及工作原理		
	4	车道保持系统的组成及工作原理		
	5	自动紧急制动系统的组成及工作原理		
	6	自适应巡航控制系统的组成及工作原理		
	7	……		

五、评价	评价：（优、良、中、差）				
		自我评价	学生互评	老师评价	总评
	实训情况				
	实训态度				

续表

项目	作业记录内容	备注
六、总结		
七、现场恢复	（不需要填写）	

练习与思考题

一、选择题

1. 高级驾驶辅助系统由环境感知单元、信息处理单元和（　　）组成。
   A．电池管理系统　　　　　　　　B．整车控制器
   C．控制执行单元　　　　　　　　D．电机控制器

2. 下列不是信息辅助类高级驾驶辅助系统的是（　　）。
   A．车道偏离预警系统　　　　　　B．车道保持辅助系统
   C．后向碰撞预警系统　　　　　　D．前向碰撞预警系统

3. 车门开启预警系统的主要功能是（　　）。
   A．开启车门提示　　　　　　　　B．停车开启车门监测盲区并发出警告
   C．监测车辆盲区　　　　　　　　D．开启车门警告

4. 自动紧急制动系统的主要功能是（　　）。
   A．监测车辆前方　　　　　　　　B．辅助驾驶员增加制动力
   C．等待驾驶员指令进行制动　　　D．紧急情况自动制动车辆

5. 高级驾驶辅助系统按照环境感知单元的不同可以分为（　　）。
   A．自主式和网联式　　　　　　　B．信息辅助类和信息控制类
   C．警示类和控制类　　　　　　　D．被动类和主动类

6. 抬头显示系统由图像源、光学系统和（　　）等组成。
   A．图像合成器　　　　　　　　　B．激光雷达
   C．图像处理器　　　　　　　　　D．光学映像系统

7. 主动夜视辅助系统由（　　）、红外成像单元、控制单元和图像显示单元等组成。
   A．毫米波雷达　　　　　　　　　B．图像合成器
   C．红外发射单元　　　　　　　　D．光学系统

8．驾驶员疲劳预警系统一般由视频采集单元、驾驶状态分析单元、报警控制单元、报警执行单元和（　　）组成。

  A．人脸识别模块   B．红外发射单元

  C．疲劳监测模块   D．视频存储单元

9．智能泊车辅助系统主要由感知单元、中央控制器、（　　）和人机交互系统组成。

  A．决策单元   B．转向执行机构

  C．执行单元   D．视频采集单元

10．自适应前照灯系统主要由（　　）、CAN总线传输单元、控制单元和执行单元等组成。

  A．感知模块   B．照明调节机构

  C．传感器单元   D．照明系统

二、判断题

1．夜视辅助系统能够通过毫米波雷达在夜间行驶环境中为驾驶员提供视觉辅助或警告信息。（　　）

2．智能限速控制系统能够自动获取车辆应遵守的限速信息并实时监测车辆行驶速度，辅助驾驶员控制车辆行驶速度，以使其保持在限速范围之内。（　　）

3．车道居中控制系统能够实时监测车辆与车道边线的相对位置，持续自动控制车辆纵向运动，使车辆保持正确行驶。（　　）

4．自适应远光灯系统能够自动调整远光灯的投射范围以减少对前方或对向其他车辆驾驶员炫目干扰。（　　）

5．车道偏离预警系统由信息采集单元、电子控制单元和人机交互单元等组成。（　　）